THE UNITED KINGDOM OF GREAT BRITAIN AND NORTHERN IRELAND

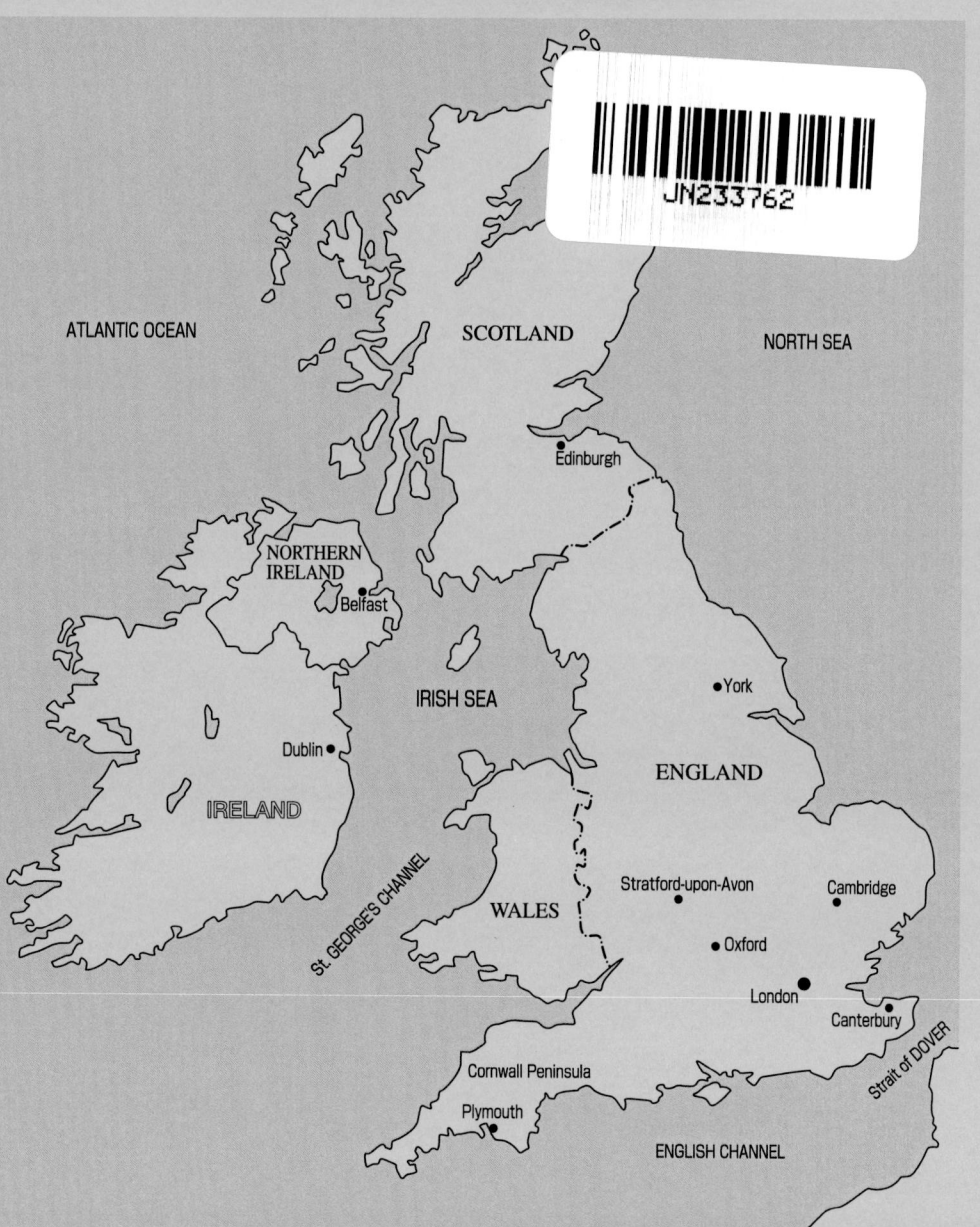

新 えいご エイゴ 英語学

稲木昭子＋堀田知子＋沖田知子
［著］

松柏社

はしがき

　今、わたしたちは急速に変化する社会のなかで生きています。ことばや、それを取り巻く世界の状況も大きく変わりつつあります。インターネットの普及により、現代は文字の発明、印刷術の発明に次ぐ、第3のコミュニケーション革命の時代だともいわれています。しかしながら、その中心がことばにあることに変わりはありません。

　ことばは社会生活をするうえで不可欠であり、ことばなしには人類の存在も考えられないくらいです。人類がいつごろからことばをもつようになったのかは明らかではありませんが、ことばが人間とほかの動物とを区別する重要なものであることはよく知られています。ことばは人間の精神を映し出す鏡であるとさえいわれます。人間は、何千年にもわたってことばについてさまざまな角度から考えてきましたが、そうしたことばの研究を通して「人間とは何か」という大問題の答えを探るのが言語学です。そして、この言語学の1分野が英語学です。したがって英語学の研究目的は、英語を話す・読む・書く・聞くといった、コミュニケーションに必要な実用的な能力を習得することではありません。英語学は、英語という特定のことばを対象とする、ことばの科学的研究であるといってよいでしょう。

　ことばも人間と同じように生きていて、時間の経過とともにたえず変化しています。このことは、時間をへだてた2つのことばを比較してみるとよく分かります。今わたしたちが使っていることばも、やはりそうした変化の流れのなかにあるのです。また、現在地球上に数多く存在することばの多様性の奥には、普遍性とでもいうべき共通のものがあるといわれます。ことばに関する研究が進めば進むほど、ことばは複雑で、神秘的なもので、きわめて高度な構造をもつものであることが明らかになってきています。本書では、このような人間のことばを、英語ということばを通してみていきたいと思います。

第1章では、英語が現代世界のなかで果たしている役割や、地球上に広がっている英語の変種について概観します。第2章では、英語ということばが成立してきた過程をたどってみます。第3章から8章では、英語がどういうしくみをもっているのか、どういう規則によって成立しているのか、またどのようにしてそれが運用されているのかを、音声・形態・統語・意味・語用・文体の面から概観します。さらに、第9章では一歩踏み出して、多様なコミュニケーションのありようをまとめ、第10章ではことばと人間の脳や心との係わり、英語とその背景となっている社会や文化との係わりを取りあげます。また補遺では、コンピュータと英語学との新しい関係を探り、さらに最近急速に成果をあげているコーパス言語学も加えました。

　6年前に出した初版は、多くの方々から好意をもって迎えて頂きました。今回の改訂では、寄せられた感想や要望、助言をできるだけ生かし、また可能な限り新しい研究成果も取りいれました。しかし、易しく、分かりやすく、そして言語学の専門知識をもたない人にも面白く読める入門書を、というわたしたちの方針は初版となんら変わるところはありません。また、バランスよく英語の全体像を捉えるという姿勢も変わりません。

　執筆に際して分担した原稿は、3人で徹底的に読み合い、話し合って本書が完成しました。思い違いや見過ごしは3人の共同責任です。率直なご意見・ご批評を頂ければ幸いです。出版にあたっては、松柏社の森信久社長、森有紀子さん、里見時子さんにお世話になりましたことを、感謝申し上げます。

　この本が初版以上に多くの人々に温かく受け入れてもらえることを心から願いつつ。

2001年秋　　著者

新 えいご・エイゴ・英語学──◎目次

はしがき……………………………………………………………………*i*
第 1 章 世界のなかの英語 ……………………………………… *3*
第 2 章 英語の歴史 ……………………………………………… *17*
第 3 章 音韻論 …………………………………………………… *55*
第 4 章 形態論 …………………………………………………… *75*
第 5 章 統語論 …………………………………………………… *89*
第 6 章 意味論 …………………………………………………… *119*
第 7 章 語用論 …………………………………………………… *141*
第 8 章 文体論 …………………………………………………… *161*
第 9 章 コミュニケーション …………………………………… *179*
第 10 章 人間・社会・文化 ……………………………………… *193*
補　遺 コンピュータと英語学 ………………………………… *215*
参考文献 …………………………………………………………… *237*
索　引 ……………………………………………………………… *245*

第1章　世界のなかの英語

英語はもともと、今から約1500年前にヨーロッパ大陸から現在のイギリスのブリテン島に渡来したゲルマン人の言語であった。当時、それを話す人びとの数は非常に限られていた。しかし今や英語は、世界中の多くの地域で日常語として用いられているだけでなく、さまざまな分野できわめて広範囲に用いられており、まさに地球のリンガ・フランカ(国際共通語)としての役割を果たしている。

1. 世界語としての英語
1.1. 地理的分布
　まず地理的にみると、英語は５大陸すべてにおいて用いられている。その分布はイギリス諸島・北アメリカ(アメリカ合衆国・カナダ)・オーストラリア・ニュージーランド・南アフリカ連邦・インドなど東南アジア諸国・南アメリカ・カリブ海諸国におよぶ。

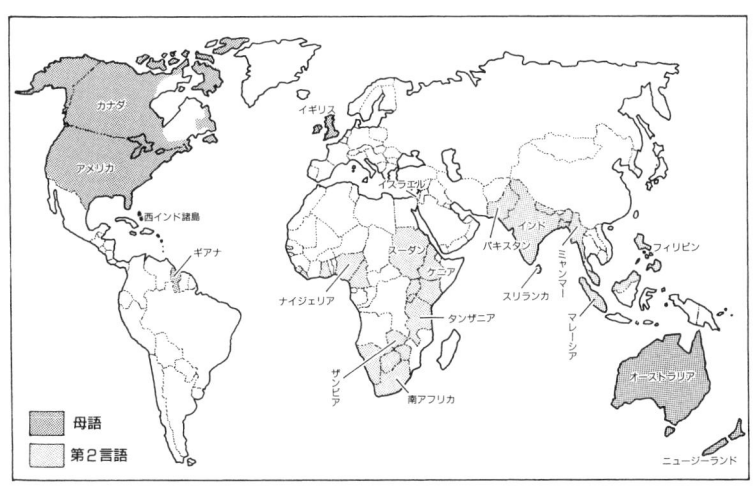

▼英語の分布図

1.2. 言語人口
　数のうえでも、世界の多くの言語のなかで、使用人口のもっとも多いのは英語である。英語の３つの用いられ方をクリスタル(D. Crystal, 1999)

は次のように円を用いて示している。

▼英語の3つの「円」

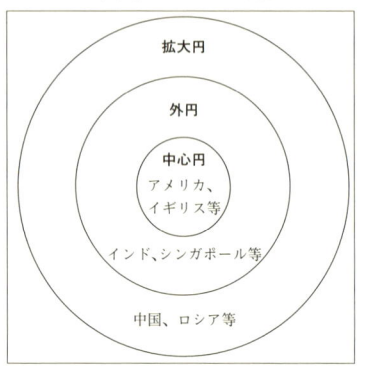

```
拡大円
  外円
    中心円
    アメリカ、
    イギリス等
  インド、シンガポール等
中国、ロシア等
```

① 第1言語(母語)として用いる場合 [中心円]

英語を第1言語としている国や地域は30以上にもおよぶ。その人口はクレオールも含めておよそ3億5000万～4億5000万人とされる。イギリス・アメリカ合衆国・カナダ・オーストラリア・ニュージーランド・アイルランドなど。

② 第2言語(公用語)として用いる場合 [外円]

英語を第2言語として広く用いている地域では、通例英語と並んで使われている母語の特徴を反映させた英語変種(New English: 新英語)が発達している。主として南アジア・東南アジア・アフリカ・西インド諸島などの旧イギリス領植民地にみられ、その数は約3億5000万人にのぼる。インド・シンガポール・マレーシア・フィリピン・タンザニア・ナイジェリア・ガーナ・ジャマイカ・バハマ諸島など。

③ 外国語として用いる場合 [拡大円]

外国語として英語を学ぶ人の数も近年急増している。中国・日本・ロシア・ギリシア・ポーランド・インドネシア・ブラジルなどの国があり、約10億～15億人に達する。なおアラブ首長国連邦・アルゼンチン・エチオピア・ソマリア・オランダ・スウェーデン・デンマーク・ネパールなどのように、英語の地位が外国語から第2言語へと移行している国が増加しているともいわれる。

▼第1言語の使用者数（単位・億人）

1.	中国語	11.13
2.	英語	3.72
3.	ヒンディ・ウルドゥ語	3.16
4.	スペイン語	3.04
5.	アラビア語	2.01
6.	ポルトガル語	1.65
7.	ロシア語	1.55
8.	ベンガル語	1.25
9.	日本語	1.23
10.	ドイツ語	1.02
11.	フランス語	0.70
12.	イタリア語	0.57

（グラッドル, 1999）

　英語を第1・第2言語として使用している人口は合わせて8億人に近く、世界の総人口の7分の1を占めることになる。また、今日の世界人口の4分の1近くが、英語に堪能または不自由しないといわれ、その数は着実に伸びている。このように世界の多くの言語のなかで、英語ほど多くの言語人口が地球上に広く分布し、しかも方言差の小さい単一言語の形で使用されている例はほかにみあたらない。英語の話し手は、あらゆる民族や人種、それにあらゆる宗教の信者を含んでいる。

1.3. 使用分野
　英語が国際語といわれるのは、単にその地域的分布の広さや、使用人口の多さという面だけではない。それに劣らず重要なのは、政治・外交・経済・科学技術・文化などの方面において果たしている役割である。
　① 政治・外交
　　国連やEU（ヨーロッパ連合）・OPEC（石油輸出国機構）・ASEAN（東南アジア諸国連合）など、世界の主要国際機関で使用される外交用語のなかでも、英語の占める役割はもっとも重要である。
　② ビジネス
　　ヨーロッパなどでは、ビジネスにおけるおもな共通語は英語である。

また多国籍企業では社内言語を英語にするところが増えている。
③ 学問
　国際的な学会、特に科学分野における使用言語は圧倒的に英語が多く、科学雑誌も大半が英語で書かれている。アメリカ・イギリスだけでなく、ドイツ・フランス・日本などで発行される雑誌でも英語で書かれた論文が急増している。科学の分野ばかりでなく、書籍出版全体でも英語によるものがもっとも多い。また世界で出版点数が1番多い国はイギリスである。
④ メディア
　世界の新聞のおよそ3分の1、定期刊行物の4分の1は英語で書かれているといわれ、その他、広告・放送・映画などでも英語の占める比重は非常に高い。国際的な広告では、例外なしに英語が用いられている。
⑤ スポーツ・音楽
　大部分の国際的スポーツ組織や国際競技は英語を公式用語としている。またポピュラー音楽を媒介として、英語は世界中のどこでも耳にすることができる。
⑥ コンピュータ・通信
　世界の郵便物の4分の3が英語によるといわれる。また私蔵データやインターネットを通じて表されているデータなど、電子的に貯蔵されている世界の情報のおよそ8割が英語によるもので、「電話1本とコンピュータと英語力さえあれば、世界中の図書館に入り込んで学ぶことができる」といわれるほどである。さらに、英語はコンピュータによるコミュニケーションの8割を占めるといわれ、今後ソフトウェア製品とデジタル化された知的財産をとおして広まり続けると考えられる。
⑦ 貿易
　大部分の輸出品の使用書・内容表示・商標名は英語で書かれている。
⑧ 英語教育
　英語ビジネスはここ30年ほどの間に世界で1番の高度成長産業の1

つとなっている。英語は世界でもっとも広く学習されている外国語であり、またその導入も早期化する傾向にある。
⑨ 交通
船舶および航空機における用語は英語である。航空管制などもほぼ英語で統一されている。

1.4. 英語普及の要因

　国際語としての英語の歴史は17世紀、植民地建設の時代に始まる。当時ヨーロッパは、フランス・スペイン・オランダ・ポルトガルなどの列強各国が競って領土拡大に努めていた。イギリスも新大陸やアジアなどに植民地を拡大していき、その結果世界各地に英語を話す人びとが定住することになった。18世紀に入ると、イギリスに始まった産業革命によって世界的な構造変化が起こり、英語は広告と消費主義の国際的言語となった。イギリスは20世紀初めにかけて、7つの海にまたがる大帝国を築きあげ、そのおかげで英語は世界のすみずみまで運ばれた。20世紀初頭まで、イギリスは世界最強の国であったが、当時は英語の役割は今ほど高くなく、外交語としてはフランス語が、また医学などの学術語としてはドイツ語も広く用いられていた。
　第二次大戦後イギリスは多くの植民地を失い、その力を弱めるが、代わりにアメリカが強大になり、あらゆる方面において、特に経済・科学技術・文化の分野で他国への影響力を強めた。これに伴ってアメリカ英語が勢力を伸ばしていき、ドイツ語・フランス語の国際的地位は相対的に衰えた。このように今日の世界における英語の地位は、イギリスによる植民地拡大と、近年におけるアメリカの活力とが結びついて生じた結果であるといえる。またイギリス・アメリカの慣習は、民主主義・議会制度といった政治体制の面でも、また人口の大きさ・教育の普及度・人間の尊厳や個人の自由の尊重といった社会的な面でも、多くの国ぐにの目標や手本となった。そのため英語の重要性はますます高まった。
　英語は常に他言語との接触を繰り返しながら変化してきた。そのためヨーロッパのほかの言語に比べて、冠詞・形容詞・名詞などの語形変化がきわ

めて単純化されている。また語彙は60万語といわれ、ドイツ語の19万、フランス語の10万と比べてもその豊かさは群を抜いている。しかもヨーロッパのほとんどすべての言語と共通の語彙をもち、それ以外に英領植民地であったアジア・アフリカ諸国語から借入した語も数多い。その語彙の源は世界の言語のなかでももっとも広い分布をしており、そのために豊かな表現力や活力をもつ。

2. 英語の変種

ひとくちに英語といっても一様なものではなく、地理的にも社会的にも次のように多くの変種(variety)をもっている。これは一般に方言と呼ばれる。

2.1. イギリス英語

ブリテン島で話されている英語をイギリス英語(British English: BE)という。イギリス英語は国土の面積の割に地域による差異が大きいが、これは歴史的に地域間の往来が活発でなく、そのためコミュニケーションが近接地域内に限られていたからである。また階級制度が比較的よく温存されているため、地域方言と社会方言が密接に結びついているのが特徴である。これを図で表すと次のようになる。

▼イギリス英語の社会的・地域的言語変異

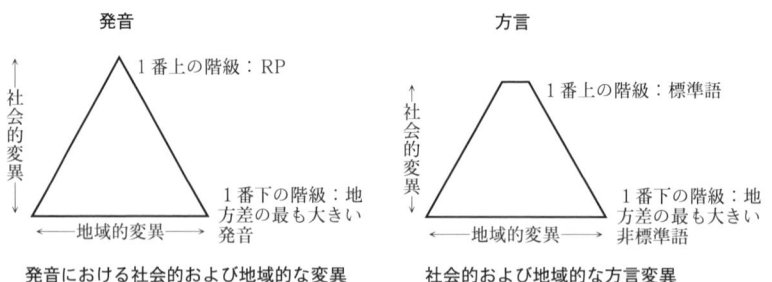

三角形の頂点に容認発音(Received Pronunciation: RP)があり、社会階層が低くなるにつれて地域方言の差が大きくなる。容認発音とは、ロンドンおよびイングランド南部の教育ある人びとの発音で、良い発音のモデルとされている。BBC放送のアナウンサーの話す英語や、パブリックスクールで使われる英語もこれで、クイーンズ・イングリッシュ(Queen's English)、キングズ・イングリッシュ(King's English)とも呼ばれる。

イギリス英語は、おもに次の4つの方言に分類される。

　　北部方言　　ロンドンから遠く離れているという地理的条件もあり、RPの[ʌ]が[u]に、またpath, laugh, grassの母音が[æ]になるなど、古い発音が残っている。
　　中部方言　　北部方言と同様、RPの[ʌ]が[u]と発音される。
　　南西部方言　母音のあとの[r]を用いる唯一のイギリス方言。
　　南東部方言　ロンドンにも近く、もっともRPに近い。

▼現代イギリス英語の方言

これらの代表的な方言のほかに、民族色の濃いスコットランド英語やアイルランド英語などがある。

またコックニー(Cockney)は、ロンドンの下町のイーストエンドの労働者階級のことばとしてよく知られている。語頭の[h]を落としたり、二重母音の[ei]を[ai]と発音したり、動詞を3人称・単数・現在で統一したりする(I sings, you sings, he sings)のが特徴である。次の(1a),(2a)を

コックニーで発音すると、(1b),(2b)のようになる。

(1) a. The r<u>ai</u>n in Sp<u>ai</u>n st<u>ay</u>s m<u>ai</u>nly in the pl<u>ai</u>n.
　　b. The rine in Spine sties minely in the pline.
(2) a. Just you w<u>ai</u>t, <u>H</u>enry <u>H</u>iggins.
　　b. Just you wite, Enry Iggins.

　　　　　　　　　　　（ミュージカル映画『マイフェアレディ』）

2.2. アメリカ英語

　アメリカ英語(American English: AE)は17世紀初め、イギリスからの移民が東海岸のヴァージニア州ジェームズタウンやマサチュセッツ州のプリマスに入植して始まった。16〜17世紀初頭のエリザベス朝の英語を源とするので、現在のイギリス英語では使われなくなった発音や形を温存している。

▼アメリカ英語の方言

　アメリカ英語は大きく北部方言・中部方言・南部方言に分類される。
　　北部方言　　ボストンを中心としたニューイングランドなどを含み、発音の点ではイングランド南部の英語に近い。
　　中部方言　　全米面積の80％を占め、フィラデルフィア・ピッツバーグ・アパラチア地方から西部にかけて全人口の70％が使用しており、標準アメリカ型(General American)とも呼ばれる。

南部方言　　ヴァージニア以南、テキサスより東の地域で使用されている。リッチモンド・アトランタ・ニューオリンズなどを含む。音節を引きのばし、鼻音化するのが特徴である。

　歴史の浅いアメリカ英語は、広い国土にも拘らず方言の差違が少なく、イギリス英語よりもずっと均質的である。語彙面の特徴としてアメリカ先住民の影響があげられるが、これはおもに地名や動植物の名前に残っているにすぎない。またその語彙の多様さにも、人種のるつぼ (melting pot) といわれるこの国の特徴が表れている。

① 先住民諸語　　canoe, chipmunk, hickory, moccasin, pumpkin, skunk, totem, Alaska, Ohio, Michigan, Mississippi, Tennessee (ほか19の州名)
② スペイン語　　barbecue, cafeteria, canyon, cockroach, coyote, plaza, rodeo
③ ドイツ語　　delicatessen, dumb, frankfurter, hamburger, noodle, seminar
④ オランダ語　　boss, coleslaw, cookie, snoop, Yankee
⑤ フランス語　　cent, chowder, cuisine, poker, prairie
⑥ イタリア語　　espresso, mafia, pasta, pizza, spaghetti
⑦ アフリカ諸語　　banjo, boogiewoogie, jam, jambo, zombi
⑧ 中国語　　ketchup, typhoon, tea
⑨ 日本語　　judo, kimono, karate, karaoke, otaku, teriyaki, tsunami
⑩ その他　　smorgasbord (スウェーデン語), vodka (ロシア語), kiosk (トルコ語), samba (ポルトガル語), sauna (フィンランド語)

2.3. イギリス英語とアメリカ英語

　イギリス英語とアメリカ英語は、語彙・綴り・発音・アクセント・語法において、さまざまな違いがみられる。

① 語彙

日本語	BE	AE	日本語	BE	AE
秋	autumn	fall	アパート	flat	apartment
荷物	luggage	baggage	舗道	pavement	sidewalk
郵便	post	mail	鉄道	railway	railroad
ズボン	trousers	pants	お菓子	sweets	candy
1階	ground floor	first floor	2階	first floor	second floor
トラック	lorry	truck	エレベーター	lift	elevator
ガソリン	petrol	gas	地下鉄	underground	subway
ラジオ	wireless	radio	自動車	motor car	automobile
ごみ	rubbish	trash	蛇口	tap	faucet
休暇	holiday	vacation	おむつ	nappy	diaper

② 綴り

BE	AE	
en-	in-	enquiry/inquiry, ensure/insure, enclose/inclose
-our	-or	colour/color, honour/honor, labour/labor
-re	-er	theatre/theater, centre/center, fibre/fiber
-ce	-se	defence/defense, licence/license
-xion	-ction	connexion/connection, inflexion/inflection
-ll	-l	travelled/traveled, jewellry/jewelry, woollen/woolen
-l	-ll	fulfil/fulfill, instalment/installment

このほかに、cheque/check, gaol/jail, kerb/curb, tyre/tire, pyjamas/pajamas, programme/programなどがある。概してアメリカ英語の綴りはイギリス英語に比べて発音に忠実で単純化されている。

③ 発音

BE	AE	
[ɑː]	[æ]	dance, fast, bath
[ɔ]	[ɑ]	hot, doll, college
[w]	[wh]	when, what, where
[t]	[d]	better, writer, water
[juː]	[uː]	new, Tuesday, student
[-]	[r]	car, dark, enter

④ アクセント

BE	AE
bállet	ballét
gárage	garáge
inquíry	ínquiry
magazíne	mágazine
labóratory	láboratory

⑤ 語法

日本語	BE	AE
通りで	in the street	on the street
大学に通う	go to university	go to a university
翌日	next day	the next day
4時20分前	twenty to four	twenty of/till four
6時5分	five past six	five after six
半時間	half an hour	a half hour
テムズ川	the River Thames	the Thames River
持っているか	Have you..?	Do you have..?

　このほか、really good/real good, go and get the car/go get the car, in future/in the future などがある。一般的にアメリカ英語は文法が単純化され、平易な動詞の使用が多い。「動詞＋副詞（前置詞）」の結合を好み、不規則動詞の規則動詞化・助動詞の一般動詞化・品詞の転換・複合・短縮などが多くみられる。

2.4. カナダ英語

　1776年にイギリスから独立してアメリカ合衆国が建国されたとき、それまでイギリスを支持していた人びとがカナダに亡命したが、その人びとの英語がカナダ英語の源である。国民の70％が英語、27％がフランス語を使用しており、後者の80％がケベック州に住んでいる。アメリカと長く国境を接しているという地理的条件から、発音など全般的にはアメリカ英語に近いが、文化的・歴史的背景から、特に文法や綴りにはイギリス英語の特徴も多くみられる。こうした英語・米語の折衷的な性格は、tap (BE) やgas (AE) などの使用にもみられるが、同時にカナダ特有のものも

備えており、house, out, shout など 'ou' という文字列を含む語は[au]でなく[əu]という発音になる。またイヌイットのことばから、igloo, kayak, parka などが入っている。

▼カナダ

2.5. オーストラリア英語

1788年にヨーロッパからの植民政策が始まって以来20世紀半ばまで、オーストラリアへの入植者は、その大部分がイギリスからの移民で占められていた。そのため文法はイギリス英語とほとんど変わらないが、発音と語彙の面に特徴があり、goodday(hello), sheila(girl), footpath(pavement)のような独特の語や、現地借入語もある(kangaroo, boomerang, dingo, koala など)。カナダ同様、イギリス英語(freeway, petrol, tap など)とアメリカ英語(truck, elevator など)の語彙の混合がみられる。移住者の多くがロンドンやアイルランドから送られた流罪人であったため、発音面ではコックニーやアイルランド英語の特徴が残っている。

  [iː]→[əi] Japanese, feel, tea
  [uː]→[ue] do, too, food
  [ei]→[ai] cake, grape, today

広大な国土の割に方言の差が少ないといわれるが、次の3つに大きく分

けられる。
　① RPに近く、全人口の約10％が話す「教養オーストラリア英語」(Cultivated Australian)
　② 国民の30％が使用しており、典型的なオーストラリア英語として知られる「俗オーストラリア英語」(Broad Australian)
　③ 大多数の人々の話す「一般オーストラリア英語」(General Australian)

▼オーストラリア

2.6. ピジンとクレオール

　ピジン(pidgin)とは、異なる言語を話す人びとの間で便宜的伝達手段として発達する、最小限の機能をもった言語である。特に太平洋諸島・西インド諸島・南アメリカ・西アフリカなどで、現地人とイギリス人との間の取引や交際のために自然に発達した、英語を基盤とする混交語をピジン英語と呼ぶ。単純な文法形式と限られた語彙からなり、これを母語とする者はいないため、その存在は不安定で、必要がなくなれば消滅する。ピジンにみられる単純化のパターンは、基盤とする言語に関係なく普遍的性格をもつといわれる。1つの例として、パプア・ニューギニアで話されているトクピジンを示してみよう。

Mi go long taun. (I go/went to the town.)
Yu wokabout long rot. (You walk/walked along the road.)

　クレオール(creole)は、ピジンが土着化して拡大し、体系が急速に発達して1つの言語共同体の母語となったものである。ピジンよりも複雑な文法構造と豊かな語彙をもち、表現できる内容は格段に広く深くなり、最終的にはほかの言語と複雑さの点で同等になる。ピジンからクレオールへの拡張は、人間が自然に単純な体系を考案し、それをやがて精緻化していくという言語の1つの過程を示している。近年、ピジンやクレオールにみられる多くの特性は、言語の発生や歴史的な変化など、言語の本質に深く係わる問題として注目されている。

2.7. 新しい英語たち—New Englishes

　英語が全世界に拡散して根をおろしたさまざまな地域で、新しい英語の変種(新英語)が登場した。これらは、国際的なレベルにおける国単位・地域単位の方言である。すでにみたように「中心円」内の国ぐにの英語はそれぞれ独自の発達をとげ、特徴をもったものに変わっているが、「外円」国家のなかでも、ここ10〜20年の間にいくつかの変種がその独自性を顕著にしている。インド・パキスタン・バングラデシュ・スリランカは1つのまとまりをみせ、しばしば南アジア英語と総称される。このほか西アフリカと東アフリカの旧イギリス植民地にさらに別の英語群が存在する。またカリブ海地域と東南アジアの1部(シンガポールなど)にそれぞれ新興英語群がおこりつつあるといわれる。

第2章　英語の歴史

第 2 章　英語の歴史

　言語はすべて独自の歴史をもっている。人間の思考・特質・精神と密接に結びついており、それを使う人びとの歴史とともに絶えず変化する。英語の歴史はそのままイギリスの文化史の反映でもあり、英語はイギリスの複雑な歴史に基づいて形成されてきた。

　現代英語においてきわめて不規則だと思われる現象、たとえば綴りと発音の不一致・不規則複数形・不規則動詞なども、歴史的にみれば説明がつき、単なる偶然の所産ではないということが分かる。どういう変遷をへて現代の英語の姿になったのかを学ぶことは、現代英語への理解を深めることになるであろう。

1. 英語の始まり

1.1. 言語の起源

　ことばという伝達手段の発達は、人類の歴史のなかでもっとも重要なことだといえるが、その起源についてはほとんど解明されていない。これは有史以前のことであり、手がかりも立証する方法もないが、いくつかの説があり、ニックネームで呼ばれることが多い。

① 「ワンワン」説('bow-wow' theory)：人間が周囲の音、特に動物の鳴き声をまねることを通じて生じたと考える。

② 「プープー」説('pooh-pooh' theory)：人間が喜怒哀楽などの感情や痛みなどの感覚によって刺激されて、本能的に音を発することから生じたと考える。

③ 「ドンドン」説('ding-dong' theory)：人間が周囲の刺激に対して、音声を発して反応することから発達したと考える。

④ 「よいとまけ」説('yo-he-ho' theory)：人間が一緒に労働に従事しているときに、一定のかけ声のようなものが発せられ、それが言語へと発達したと考えられる。

⑤ 「ラララ」説('la la la' theory)：生活の叙情的な側面、つまり愛や詩的な感情、あるいは歌から生じたと考える。

　このように多種多様な説があるが、いずれも言語のほんの 1 面にしかあ

てはまらない。しかもこれは実証不可能であり、推測の域を脱することができない。そのため長い間ことばの起源論は学者から敬遠されてきた。

しかし最近、言語の発達と人類の進化とを関連づけた生理学的起源論が提唱され始めた。人間の発声器官は本来咬む・飲む・呼吸するといった機能を果たし、ことばを発するためのものではなかった。それが数百万年から数十万年前の直立歩行の能力の発達、道具の使用とそれに伴う脳の左半球（言語半球）の成長とともに、しだいに本来の機能を縮少して、発声機能を発達させていったというものである。また社会的にみれば、人間は生存のために協同作業を必要とし、そのための意志伝達の手段として言語が生じたと考えられる。したがって、もともと言語の基本的な機能は、重要な情報や必要不可欠な命令を伝達することであったといえよう。

1.2. インド・ヨーロッパ語族

あらゆる言語には人間と同じく祖先にあたる言語があり、これを祖語(proto-language)という。英語の祖語はどのようなものだったのであろうか。

ヨーロッパからインドに広がる広大な地域で使われている、数多くの言語の基本的な語彙をいくつか比較してみると、非常によく似たものがあることが分かる。

	サンスクリット語	ギリシア語	ラテン語	フランス語	英語
父	pitar	pater	pater	pere	father
母	matar	mater	mater	mere	mother
兄弟	bhratar	phrater	frater	frere	brother
1	ekas	oinos	unus	un	one
2	dva	duo	duo	deux	two
3	trayas	treis	tres	trois	three
新しい	navas	ne(w)os	nonus	nouveau	new

このようにこれらの言語は、音韻や語形の間に密接な関係がみられるところから、共通の祖語からしだいに分かれていったものと考えられ、これ

らの言語を総称してインド・ヨーロッパ語族(Indo-European family)という。世界の言語は大きく12の語族に分類することができるが、インド・ヨーロッパ語族はそのなかでも最大のもので、世界でもっとも広い地域に分布し、しかももっとも大量の文献や記録が残されている。

▼インド・ヨーロッパ語族の分布地図

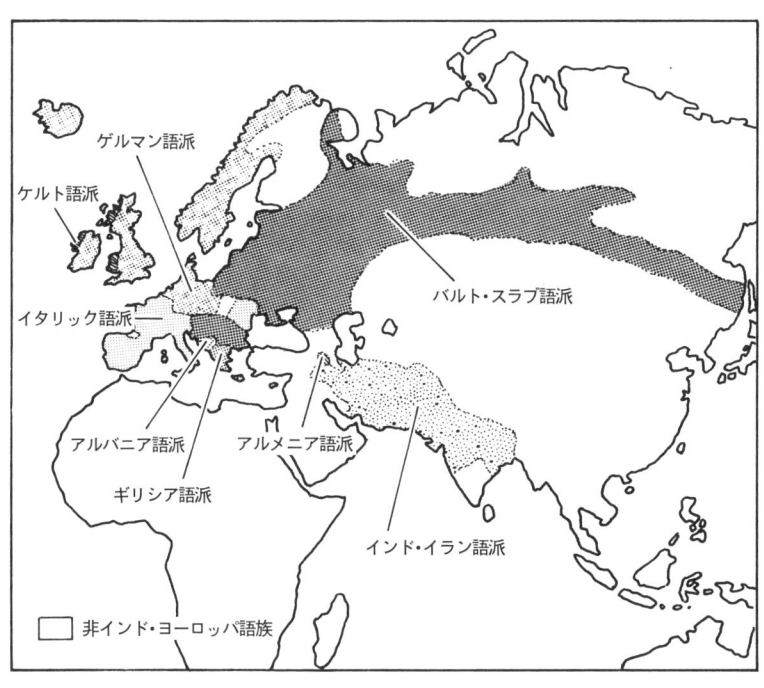

(クリスタル, 1992)

インド・ヨーロッパ語族のほかに、アラビア語・ヘブライ語を含むセム語族、中国語・タイ語などを含むシナ・チベット語族、ハンガリー語・フィンランド語を含むウラル語族、ベトナム語・クメール語を含むオーストロ・アジア語族などがある。日本語に関しては、朝鮮語などと同様、その系統や起源は不明である。

▼系統樹

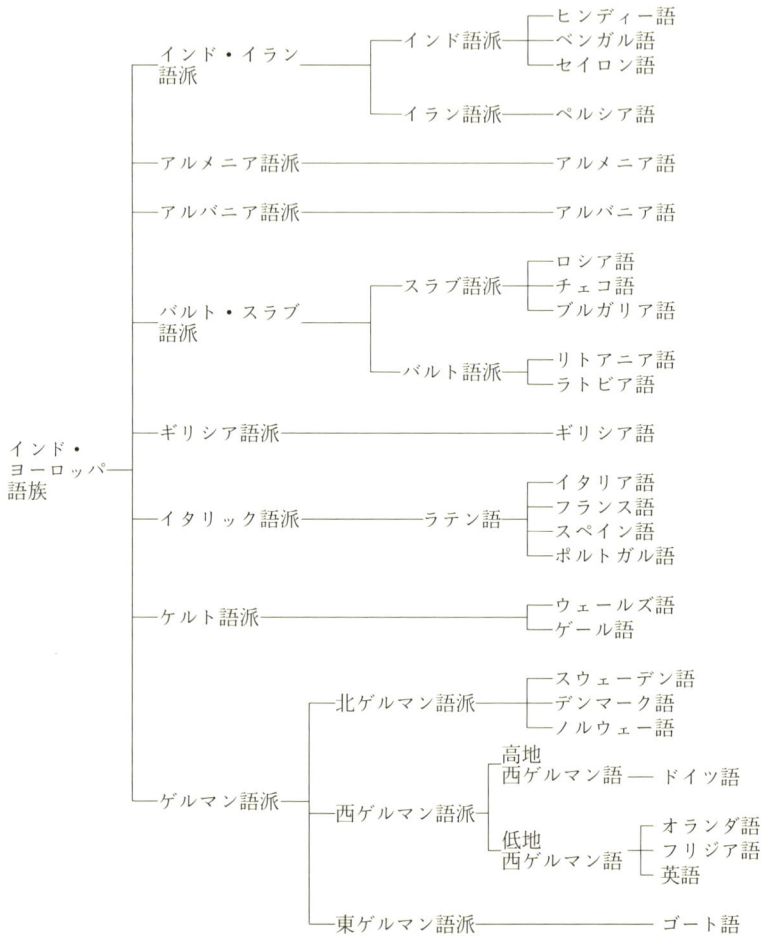

　インド・ヨーロッパ祖語(IE祖語)は、紀元前約5000〜3000年頃に、黒海沿岸から中央ヨーロッパにかけての地域のどこかで話されていたと推定される言語である。彼らの生活を先史時代のことばを手がかりに推測すると、雪・ブナ・家畜・オオカミを意味する語はあるが、海にあたる語彙がみられないところから、内陸で遊牧生活を送っていたと推定される。これらの人びとは東はインドから西はヨーロッパにまたがる広大な地域にし

だいに拡散して、それぞれの話す言語が独自の変化をとげ、個別の言語として成長していったと考えられる。

▼インド・ヨーロッパ語族の拡散図

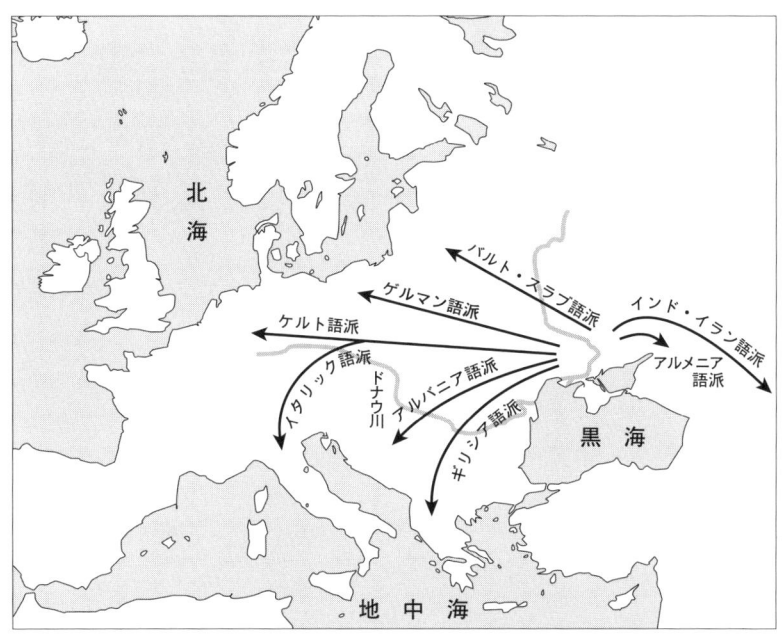

　インド・ヨーロッパ語族に属する言語の最大の特徴は、語形変化が多くて屈折的(inflectional)なところである。ラテン系のフランス語・スペイン語、スラブ系のロシア語、ゲルマン系のドイツ語・オランダ語・英語、そしてケルト系のゲール語から発達したアイルランド語・スコットランド語など、ヨーロッパの主要な言語がほとんどすべて含まれる。

　これらの諸言語は、さらにいくつかの語派(branch)に分かれる。その1つにゲルマン語派があり、これはのちにアルプスを境に西ゲルマン語・北ゲルマン語・東ゲルマン語派に分化した。英語はドイツ語・オランダ語などとともに西ゲルマン語派に属する。

　このような言語研究の先駆者として知られるのが、イギリスのジョーンズ(W. Jones: 1746-94)である。ヨーロッパのさまざまな言語に精通して

いたジョーンズは、判事として赴任していたインドの古典語であるサンスクリット語が、文法や音韻などにおいてラテン語やギリシア語と多くの類似点をもち、それは単なる偶然や単語の借用では説明できないということに気づいた。彼は、これらの言語が「おそらくもはや存在しない何か共通の源から生まれたにちがいない」という発表をおこなった。これは当時としては革命的な考え方であったが、これを機に言語の比較研究が盛んになった。

　この発見を受け継ぎ、学問的に積みあげて、比較言語学(Comparative Linguistics)を確立したドイツのグリム(J. Grimm: 1785-1863)らにより、インド・ヨーロッパ語族の系統が明らかにされた。比較言語学とは、2つ以上の言語の間に規則的な対応関係が認められる場合、共通点を集約して異なる言語に分かれる以前の状態を復元し、「祖語」という仮説理論上の言語を構築する研究である。

　インド・ヨーロッパ祖語と、ゲルマン系の言語の祖先にあたるゲルマン基語との間には、次のような子音の対応がみられる。

インド・ヨーロッパ祖語	ゲルマン基語
k, p, t	h(x), f, θ/ð
b, d, g	p, t, k
bh, dh, gh	b, d, g

　これを、インド・ヨーロッパ祖語の子音を保存しているラテン語と英語の間で比較すると、次のような対応がみられる。

ラテン語/英語	
[k]/[h]	cord/heart, canine/hound, caput/head
[p]/[f]	pater/father, piscis/fish, ped/foot
[t]/[θ][ð]	tres/three, tu/thou, frater/father

　これは1つの言語が分かれて別の言語になるとき、特定の音が一斉に変わるということを示しており、グリムらによって発見されたので、「グリムの法則」と呼ばれる。またこの法則に対する例外が、デンマークのヴェ

ルナー(K. Verner: 1846-96)によって補足説明されており、「ヴェルナーの法則」として知られている。

2. 古期英語

英語の歴史の始まりを、ゲルマン系のアングロ・サクソン人がブリテン島に定住を始めた450年頃とすると、英語の歴史は次のように3つの時期に分けることができる。

  古期英語(Old English: OE)   450〜1100年
  中期英語(Middle English: ME) 1100〜1500年
  近代英語(Modern English: Mod E) 1500〜1900年

特に20世紀以降の英語をさして現代英語(Present-day English: PE)という。上の3区分に合わせて、古期英語・中期英語・近代英語についてみていこう。

2.1. 古期英語の成立

英語はブリテン島の固有の言語ではなく、アングロ・サクソン人がヨーロッパ大陸からもち込んだものである。その前にブリテン島に住んでいたのは、ケルト系のブリトン人(Britons)で、同じインド・ヨーロッパ語族に属するケルト語を話していた。ブリテンという名前はこれに由来する。

紀元43年、ローマ帝国は大軍をブリテン島に送って征服し、ブリテン島は以後400年間ローマ人の支配下に入る。4世紀末頃、ローマ帝国はヨーロッパ大陸のゲルマン人の侵入によって危機にさらされる。そのためブリテン島のローマ軍は本国の防衛のため407年に撤退し、ここにローマ帝国のブリテン島支配は終わった。当時ヨーロッパ大陸の北岸(今の北ドイツ地方)にはゲルマン系のアングル人(Angles)・サクソン人(Saxons)・ジュート人(Jutes)たちが住んでいたが、449年、これらのゲルマン民族のブリテン島定住が始まる。そのなかには、それらの主要な3部族のほかにフリジア人(Frisians)も混じっていたといわれる。アングロ・サクソンはこれらの部族を総称して呼ぶ名称である。

▼ゲルマン人の移住

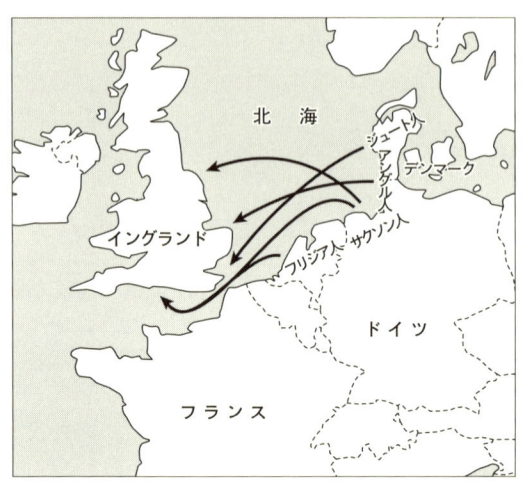

　アングロ・サクソン人たちは、ローマ文明の影響を受けて発達したブリトン人の優れた文化を破壊し、ブリテン島の主要部を占領した。彼らは互いに似通ったゲルマン語の方言を話しており、これがブリテン島の中心言語となり、今の英語のもとになった。

　その後1世紀にわたって、アングロ・サクソン人の侵入が続き、彼らはイングランドに定住した。ブリトン人たちは土地を奪われて、しだいにスコットランド・ウェールズ・コーンウォールなどのへき地や、海を渡ってフランス（現在のブルターニュ）にまで追われた。この5～6世紀におけるブリトン人とアングロ・サクソン人との闘争のなかで、「アーサー王伝説」が生まれ、ブリトン人の王が英雄として描かれている。

　紀元600年頃までに、ゲルマン民族の支配がブリテン島に確立した。ブリテン島に移住した後、アングル人はテムズ川以北のイングランド北部・中部に、サクソン人はテムズ河口・テムズ南方に、そしてジュート人は南東部にそれぞれ定住した。そして、いわゆるアングロ・サクソン七王国（Anglo-Saxon Heptarchy）を建国し、ブリテン島の大部分を支配した。ただしスコットランド・ウェールズ・コーンウォールは例外で、これらの地方はケルト人の拠点となった。その分布は次のとおりである。

ジュート人	ケント(Kent)
サクソン人	エセックス(Essex) ウェセックス(Wessex) サセックス(Sussex)
アングル人	マーシア(Mercia) ノーサンブリア(Northumbria) イーストアングリア(East Anglia)

▼アングロ・サクソン七王国

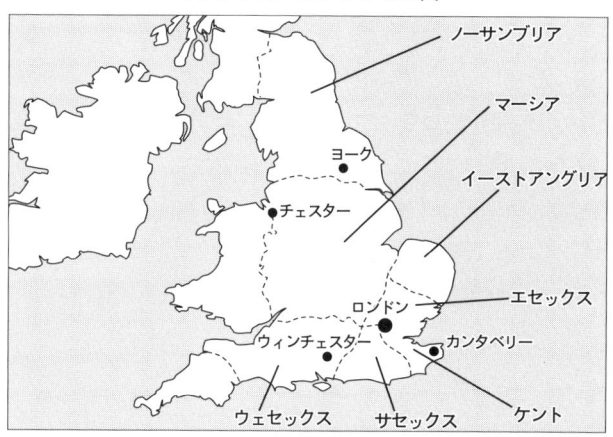

　アングロ・サクソン人のうち、数のうえでもっとも優勢だったのはアングル人で、国土全体を Engla land (the land of the Angles: アングル人の土地) と呼んだ。また englisc (English) というのは、もともと「アングル人のことば」という意味である。

2.2. 古期英語の背景

　アングロ・サクソンの社会はキリスト教からみれば異教社会であった。597年、ローマ教会から派遣された聖オーガスティンはイングランドで布教を始めた。その後100年もたたないうちに、キリスト教はイングランド全土に根をおろす。キリスト教の浸透によってイングランドの文化は高まり、とくに7〜8世紀にはノーサンブリアが、また8世紀後半にはマー

シアがその中心として栄えた。

ところが8世紀末から、イングランドは北欧の海賊(バイキング)の襲来に脅かされる。彼らはスカンジナビア半島やデンマークを居住地とするゲルマン民族であった。イングランドを襲ったこのバイキングのことを、当時のアングロ・サクソン人は「デーン人」(Danes)と呼んで恐れた。彼らはすぐれた航海術で川をさかのぼって内陸部に入り込み、破壊や略奪を繰り返したため、多くの文化遺産が失われ、アングロ・サクソンの七王国も次つぎに崩壊していった。こうしてイングランド全土がデーン人の手中に落ちようとしたとき現れたのが、ウェセックスの名君アルフレッド大王 (Alfred the Great: 在位 871-99) である。彼はアングロ・サクソン七王国を統一し、勇敢にデーン人に立ち向かった。しかし、デーン人の南下は阻止したものの、結局彼らを追放することはできず、878年にデーン人と休戦協定を結んで、チェスターからロンドンを結ぶテムズ川以北の広大な地域をデーンの領土として認め、居住を許した。この地域は「デーン法地域」(Daneslaw)と呼ばれ、デーン人はここでデーン法のもとに自由に生活できるようになった。

▼デーン法地域

アルフレッド大王は、軍事・政治面だけでなく、学術面においても偉大な業績を残した。彼は学問の荒廃を嘆いて教育を奨励し、多くのラテン語

の作品を英訳した。また英語で書かれた年代史としてきわめて重要な『アングロ・サクソン年代記』(The Anglo-Saxon Chronicle)の編纂も行った。このためアルフレッド大王は「英語散文の父」ともいわれている。

アルフレッド大王の死後、イングランド南部は再びデーン人の侵略にさらされ、ついに1016年、デーン人の王クヌートがイングランド全土の王として即位した。しかし、本来デーン人はアングロ・サクソン人と同じゲルマン民族であり、その言語である古ノルド語(Old Norse)は同じゲルマン語から分かれたものであった。そのため、デーン人とアングロ・サクソン人が数世代にわたって共存、融合するうちに言語の境界線がなくなり、その結果、英語の構造はしだいに単純化されていった。

2.3. 古期英語の方言

古期英語と呼ばれるものも、すべて一様のことばではなく、そのなかにいろいろの方言差異が認められ、次のように分けられる。

ケント方言	ジュート人
ウェストサクソン方言	サクソン人
マーシア方言 ⎫ ノーサンブリア方言 ⎭	アングル人

▼古期英語の方言

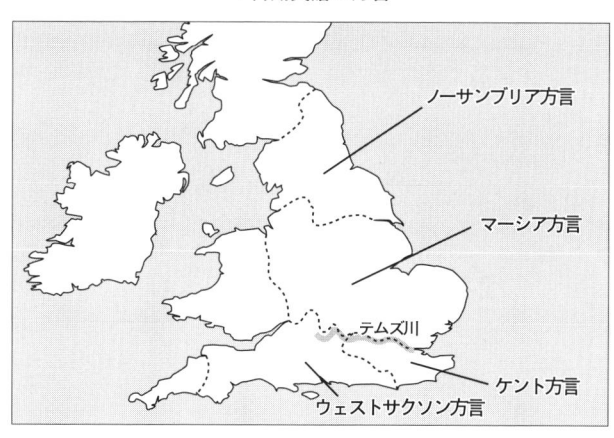

（地図：ノーサンブリア方言、マーシア方言、テムズ川、ケント方言、ウェストサクソン方言）

古期英語の初期には、文化の中心が北部にあったので、ノーサンブリア方言がもっとも重要であった。しかしデーン人による破壊行為のため、アルフレッド大王の治世の間に文化の中心が南のウェセックスに移り、その結果ウェストサクソン方言がノーサンブリア方言にとって替わった。一般に古期英語という場合は、ウェストサクソン方言をさすのがふつうである。この方言で書かれた文学作品に『ベオウルフ』(*Beowulf*)があり、スカンジナビアの伝説を題材にした勇壮な英雄叙事詩として知られている。

2.4. 古期英語の特徴
2.4.1. 文字と発音

アングロ・サクソン人がブリテン島に移住した当初は、24のルーン文字(Runes)が使われていたが、その後文字数は増えていった。

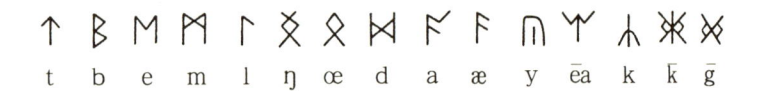

```
f u þ o r c g w h n i j ʒ p x s
t b e m l ŋ œ d a æ y ēa k ḡ
```

この文字は、ゲルマン民族がヨーロッパ大陸で2～3世紀頃から使用していたもので、木・石・金属など硬い物質に刻まれ、そのため直線的で角のある形をしていた。ルーン文字は、最初の6文字の音をとってフサルク(futharc)とも呼ばれる。

今日の英語で使われているローマ文字は、6世紀末にキリスト教の伝来とともにイングランドにもたらされた。ただし、古期英語の時代には、ローマ文字に混じってルーン文字のなかからとったþ(thorn:[θ]の音を表す)、Ᵽ(wynn:[w])や、新たに作られたæ(ash:[æ])とð(eth:[ð])などの文字が使われた。次に示すのが古期英語のアルファベットである。

a æ b c d e f g h i l m n o p r s t þ ð u Ᵽ x y

古期英語の発音は綴り字どおりに発音され、黙字もなかった。綴り字と発音が著しく異なる現代英語と比べるとはるかに表音的であったといえる。

2.4.2. 語彙

古期英語には外来語がほとんどなく、ゲルマン語としての純粋性をよく保っていた。当時の語彙の大半（約85％）はその後消失するが、今日まで生き残った語には日常生活でよく用いられる身近なものが多い。ちなみに、現代英語でもっともよく使われる1000語のうち、約8割が古期英語に起源をもつ。また現代英語でもっとも一般的な100語は、大部分が古期英語起源で、その多くが単音節語である。

体の部分	head, arm, ear, eye, hand, finger, foot
天体・宇宙	sun, moon, star, earth, world
基本的な行為	live, eat, sleep, walk, come, have, love
人間・動物	man, woman, child, dog, horse, cow
時の概念	night, day, noon, evening
家族関係	father, mother, brother, son, daughter

しかし、この頃からすでに外国語からの語彙の借入が始まっている。異なる言語が接触すると、すぐに語彙の貸し借りが始まるのがふつうである。語彙は文化的・社会的変化をよく反映し、通常文化の高い方から低い方へと流れる。

① ケルト語からの借入

地名を除けばほんの十数語で、その大半はブリテン島の地形を表す語である。

Avon, Cornwall, Dover, London, Thames, York, whisky, bin

② ラテン語からの借入：ラテン借入語には次の3ルートがある。

a. アングロ・サクソン人がイングランドにやってくる前に、ヨーロッパ大陸で接触のあったローマ人から借入したもの

butter, cheese, church, dish, kitchen, mile, pound, street, table, wall, wine

b. ローマ帝国の支配下にあった時期にブリトン人がとり入れ、後に

アングロ・サクソン人に受け継がれたもので、数は非常に少ない。たとえばchester（ラテン語の castra に由来、camp［駐屯地］の意味）は、Chester, Winchester, Lancaster など、多くの地名に残っており、ローマ時代の駐屯地であったことを物語っている。

c. アングロ・サクソン人のキリスト教への改宗とともにとり入れられたもので、宗教用語が中心である。

  altar, angel, candle, cap, cook, disciple, mass, pope, school, silk, temple

③ 北欧語（古ノルド語）からの借入

デーン人の話していた北欧語は、英語と同じゲルマン系で、借入も3人称複数の代名詞 they, their, them や both, though, till などの機能語が多い。北欧語は [sk] の音をもつ語が多いのが特徴であるが、英語では -sc の発音は音変化を受けて [ʃ] となった。したがって ship, fish, shirt などは本来の英語であるが、sky, skill, skirt, skin, task などは北欧語からの借入語ということになる。北欧語借入語は日常生活に関する語が多く、bank, call, egg, fellow, get, give, hit, ill, knife, low, sister, take, want, window などがある。

 デーン人のイングランド定住の結果、その居住地であったイングランド北東部に多くの北欧語起源の地名が残された。たとえば北欧語で town を意味する -by のついた地名だけでも Derby, Rugby, Whitby など 600 以上に及ぶし、-thorp などのつく地名も多い (Gawthorp, Linthorp)。また人名では、-son で終わる多くの姓 (Anderson, Nelson, Johnson) が北欧系である。

2.4.3. 文法

 古期英語の文法の特徴は、ゲルマン語が本来もっていた特徴をそのまま保持していた点にある。古期英語は現代英語とはまったく異なり、特に語尾変化の非常に複雑な言語、つまり「屈折言語」であった。語が文中のほかの語との関係を表すために語形を変えることを「屈折」(inflection) というが、古期英語はその点ではむしろ現代ドイツ語に近く、主としてこの

屈折によって文法関係を表現する言語であった。そのため、この時代は「完全屈折の時代」(period of full inflection)と呼ばれる。

① 名詞

　古期英語では、名詞に男性(masculine)・中性(neuter)・女性(feminine)の3つの性(gender)の区別があり、屈折は性によって大きく異なっていた。それも自然の性ではなく文法上の性で、たとえばstan (stone)は男性名詞であり、wif(wife)は中性名詞である。しかも名詞の単数・複数とも次の4つの格に応じて変化した。

　　主格　「～が」のように文主語として用いられる格
　　対格　「～を」のように直接目的語を示す格
　　属格　「～の」のように現代英語の所有格にあたる格
　　与格　「～に」のように間接目的語を示す格

　変化の型としては強変化・弱変化などがあり、同じ型に属する名詞でも、性によって変化形が異なっていた。次に示す強変化は今日-(e)sの語尾の付く規則複数の起源である。

	男性		中性		女性	
	stan(stone)		scip(ship)		giefu(gift)	
	単数	複数	単数	複数	単数	複数
主格	stan	stanas	scip	scipu	giefu	giefa
対格	stan	stanas	scip	scipu	giefe	giefa
属格	stanes	stana	scipes	scipa	giefe	giefa
与格	stane	stanum	scipe	scipum	giefe	giefum

　次は弱変化の例である。以前はかなり多くの名詞がこの変化に属していたが、今日ではoxenに痕跡をとどめているに過ぎない。

	男性		女性	
	nama(name)		sunne(sun)	
	単数	複数	単数	複数
主格	nama	naman	sunne	sunnan
対格	naman	naman	sunnan	sunnan
属格	naman	namena	sunnan	sunnena
与格	naman	namum	sunnan	sunnum

また、単数与格と複数主格・対格で母音変異（Umlaut/mutation）のおこる名詞が少数ある。

	男性		女性	
	mann(man)		gos(goose)	
	単数	複数	単数	複数
主格	mann	menn	gos	ges
対格	mann	menn	gos	ges
属格	mannes	manna	goses	gosa
与格	menn	mannum	ges	gosum

このタイプは、このほかにも foot/feet, mouse/mice などの不規則複数として現代英語にその痕跡をとどめている。

　参考として、stan の単数形の語尾変化を、古期英語・現代ドイツ語・現代英語について比較してみよう。

	古期英語	現代ドイツ語	現代英語
主格	stan	Stein	stone
対格	stan	Stein	stone
属格	stanes	Steines	stone's
与格	stane	Steine	stone

このように古期英語と現代ドイツ語の語尾はほとんど同じで、このことからもこの2つの言語が同じ起源をもつことは明らかである。

② 形容詞

　形容詞も名詞と同様に、数・性・格による変化をするが、文中の文法関係によってさらに強変化と弱変化の2とおりに語形が変化する。現代英語ではこうした変化はすべて消失している。

③ 動詞

　古期英語の動詞には7種類の強変化動詞と3種類の弱変化動詞とがあり、語尾は数・時制・法・人称に応じて変化する。強変化動詞は、母音交替（Ablaut/gradation）と呼ばれる語幹母音の変化によって過去形・過去分詞形を作り、しかも過去分詞が-enで終わるもので、現代

英語の不規則動詞に対応する。また弱変化動詞は、語幹に d, t などを含む語尾を付けて過去形・過去分詞形を作るもので、これが現代英語ではすべて規則動詞で-edとなっている。現代英語の活用形は原形・過去・過去分詞であるが、古期英語はこれに加えて複数過去があった。次は強変化動詞と弱変化動詞の活用の例である。

	不定詞	過去 単数	過去 複数	過去分詞
強変化動詞	helpan(help)	healp	hulpon	holpen
弱変化動詞	hieran(hear)	hierde	hierdon	hiered

④ 冠詞

現代英語の定冠詞は the 1 つしかないが、古期英語では名詞の 3 つの性と 4 つの格、それに単数・複数の区別があり、さらに単数には手段・方法を示す具格(instrumental)という格があり、合計で 19 もあった。

	単数 男性	単数 中性	単数 女性	複数
主格	se	þæt	seo	þa
対格	þone	þæt	þa	þa
属格	þæs	þæs	þære	þara
与格	þæm	þæm	þære	þæm
具格	þy	þy	þære	—

⑤ 語順

古期英語は格変化によって名詞の格を示すことができたので、語順はあまり厳密ではなく、現代英語よりもずっと自由であった。たとえば「男はクマを殺した」は、古期英語では次のようになる。

Se   mann   sloh   þone   beran.
(The) (man)   (slew) (the)   (bear)
　[主格]　　　　　　　　[目的格]

これを、次のように語順を変えても文の意味は変わらない。

Se mann þone beran sloh.

þone beran se mann sloh.

þone beran sloh se mann.

Sloh se mann þone beran.

次に、古期英語で書かれた「主の祈り」とその発音ならびに現代英語訳・日本語訳を示してみよう。

THE LORD'S PRAYER

Fæder ure, þu þe eart on heofonum, sie þin nama gehalgod. Tobecume þin rice. Geweorðe þin willa on eorþan swa swa on heofonum. Urne gedæghwamlican hlaf syle us todæg. And forgyf us ure gyltas, swa swa we fogyfað urum gyltendum. And ne gelæd þu us on costnunge, ac alys us of yfele. Soþlice.

[fæder uːre, θuː θe ɛərt on heovonum, siːe θiːn nama jehɑːlgod. toːbekúme θiːn riːtʃe. jeweorðe θiːn willa on eorðan swɑː swɑː on heovonum. uːrne jedæjhwɑːmlikan hlɑːf sele uːs toːdæj. and forjief uːs uːre gyltas swɑː swɑː weː forjievaθ uːrum gyltendum. and ne jeleːd θuː uːs on kostnuŋge, ak ɑːliːes uːs of yvele. soːθliːtʃe.]

(Our father, thou who art in heavens, thy name be hallowed. May thy kingdom come. Thy will be done on earth, as in heavens. Give us our daily bread to-day. And forgive us our debts as we forgive our debtors. And lead thou us not into temptation, but deliver us from evil. Amen.)

天にましますわれらの父よ。御名があがめられますように。御国が来ますように。御心が天に行われるとおり、地にも行われますように。わたしたちの日ごとの糧を今日もお与えください。わたしたちの罪あるものを赦すように、わたしたちの罪をお赦しください。わたしたちを試みにあわせず、悪しき者からお救いください。アーメン

3. 中期英語

　古期英語はゲルマン語本来の特徴をそのまま保持していたが、それがなぜ現在のような姿に変化したのであろうか。その最大の原因は1066年に起こったノルマン人の征服(Norman Conquest)である。これによって英語は1500年までの400年間に、根本的な変化をとげる。この時期の英語を中期英語という。

3.1. 時代背景

　ブリテン島はその歴史上、ローマ人、アングロ・サクソン人、デーン人など、さまざまな民族による侵入を受けてきたが、最後の侵略者はノルマン人であった。「ノルマン」という語はもともと「北の人」(Northman)を意味し、北欧のバイキングをさす。ノルマン人の祖先は9世紀頃フランス北岸地帯に襲来し、10世紀の初めにセーヌ川下流の一帯(ノルマンディー)を与えられて定住したバイキングであった。彼らは母語の北欧語を捨ててフランス語を話すようになっており、宗教・習慣もすっかりフランス化していた。1066年、ノルマンディー公ウィリアム(William: 1027-87)はイギリス国王ハロルドを倒して王位に就き、ノルマン王朝が始まった。

▼ハロルド王の死（バイユータペストリー）

バイユータペストリーは、バイユー大聖堂のために作られたものである。幅50cm、長さ70mで、征服王と呼ばれたウィリアムの一生とノルマン人の征服の物語が刺繍によって綴られている。

ノルマン人の征服は、英語の歴史におけるもっとも重要な出来事であった。ノルマン貴族がイギリスの政治・社会の上層に支配者として君臨し、およそ300年間、フランス語が公用語として宮廷・議会・法廷・学校で用いられた。イギリス人は下層階級に押し込められ、英語は国語としての地位を奪われた。イギリスは人口の10％を占める上流階級がフランス語を話し、その他の下層階級は英語を話すという二重言語の社会となった。しかし英語は一般大衆の間にしっかりと浸透しており、民衆語として生き続けた。結婚などによってノルマン人とイギリス人の融合同化が急速に進んだこともあり、英語は少しずつ勢力を回復していく。

　13世紀以降、フランス語の優位が崩れ始める。その1つの契機となったのは1204年にフランスとの戦いに敗れ、本拠地のノルマンディーを失ったことである。この頃から英語は少しずつ上層階級にも浸透し始める。

　14世紀にはイギリス人の母語に対する意識が高まり、英語が優勢になる。これをさらに促進したのは、フランスとの百年戦争(1337-1453)と、黒死病(ペスト)の大流行である。百年戦争は敵国語であるフランス語に対する反感を引き起こし、フランス語離れを決定的にした。また黒死病の流行で人口の30～40％が減少し、イギリスに大きな社会変化を招いた。農業労働力の不足と賃金の上昇のため、労働者階級の重要性が増し、それに伴って彼らの話していた英語の地位も高まった。

　1362年、議会で初めて英語が使用され、法廷用語も英語になり、学校にも英語が戻っていった。こうして14世紀末頃には、フランス語に代わって英語が国語としての地位を回復した。そして15世紀には話しことばとしてのフランス語はすっかり姿を消し、完全に教養的な学習言語となった。中期英語を代表する人物としてあげられるのは、『カンタベリー物語』(*The Canterbury Tales*)の作者として有名なチョーサー(Geoffrey Chaucer: 1340-1400)である。彼は英文学史上では「英詩の父」と呼ばれる詩人であるが、同時に彼の作品は中期英語の模範を示すものとして、英語史上でもきわめて重要である。またウィクリフ(John Wycliff: 1320-84)によって初めて聖書の英語による完訳版が出されたのもこの頃である。

3.2. 中期英語の方言

中期英語の方言はマーシア方言が2つに分かれて次のように5つに区分される。

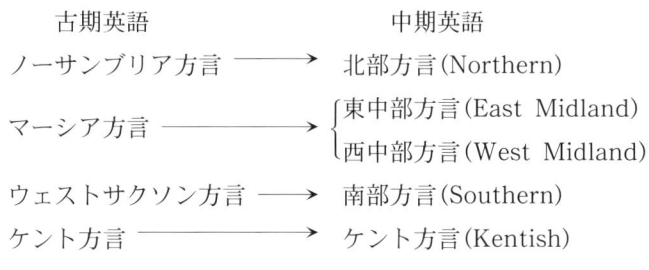

```
古期英語                    中期英語
ノーサンブリア方言  ──→    北部方言(Northern)
マーシア方言       ──→   ┌ 東中部方言(East Midland)
                          └ 西中部方言(West Midland)
ウェストサクソン方言 ──→   南部方言(Southern)
ケント方言         ──→    ケント方言(Kentish)
```

▼中期英語の方言

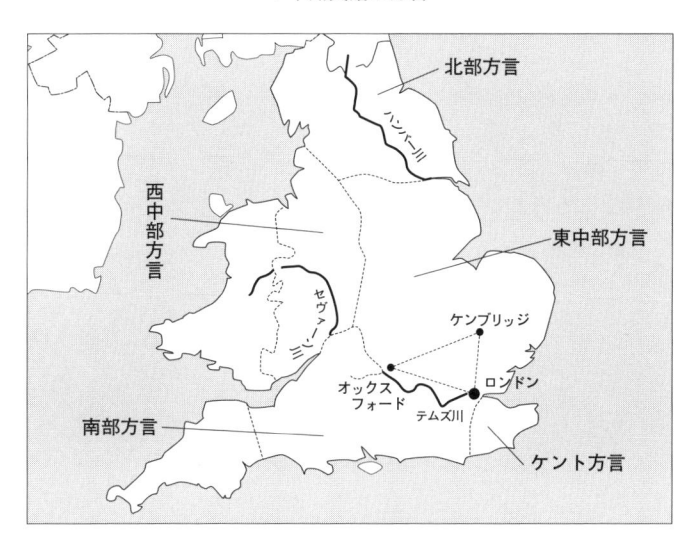

古期英語時代にはウェストサクソン方言が優勢であったが、中期英語の時代にはマーシア方言から分かれた東中部方言(特に首都ロンドンの方言)がしだいに優勢になり、標準語としての地位を築いていった。その理由として、次のようなことがあげられる。
① ロンドンが首都として政治・経済の中心地であった。
② イングランドの中心部に位置して早くから開け、他の方言地域より面積が広く、人口も多かった。

③ チョーサーやウィクリフなど、代表的な著作家がこの方言を用いた。
　④ 古い歴史を誇るオックスフォード大学やケンブリッジ大学があり、文化の中心地となっていた。

14世紀に書きことばとして優勢になったロンドン方言は、15世紀には話しことばとしても標準英語と認められるようになり、これが現代の標準英語の基礎となった。

3.3. 中期英語の特徴

中期英語の時代は英語史のうえでもっとも変化の激しい時代であった。特に語彙と文法における変化は著しく、英語の性格を大きく変えた。なかでも中期英語の主要な特徴は、語彙におけるフランス語の影響と屈折語尾の単純化である。

3.3.1. 発音と綴り

中期英語の発音は、基本的には古期英語と変わらないが、屈折語尾の母音[a, o, u, e]があいまい母音の[ə]に弱まり、綴り字もほとんどが -e に変わった。また、フランス語の影響によって綴り字法が変化した。新しい文字(j, k, q, v, w, z)が導入され、þとðは th に、Pは w に置き換えられた。さらにそれまでになかった綴り字の組み合わせ(ou, ow, gh, ch, sh, wh)もみられるようになる。そのため次にあげるような綴り字の変化が起こった。

古期英語	中期英語
cnawan	knowe(=know)
cwen	quen(=queen)
cild	childe(=child)
niht	night
þing	thing

3.3.2. 語彙

ノルマン人の征服は特に語彙の面で英語に非常に大きな影響を与え、膨大な量のフランス語が吸収されたが、それに伴い、古期英語の多くの語が消えていった。現代英語の語彙の半分以上がフランス語起源であるが、その多くはこの時期に借入されたものである。当時のフランスはヨーロッパ文化の中心地であったため、高い文化を表す語が多い。

① 政治： country, emperor, government, minister, prince, royal
② 法律： arrest, blame, court, crime, evidence, judge, prison
③ 宗教： faith, mercy, miracle, paradise, religion, saint, service
④ 軍事： army, battle, captain, enemy, guard, navy, soldier, spy
⑤ 商業： bargain, customer, merchant, money, price, purchase
⑥ 服飾： cloak, costume, diamond, dress, fashion, jewel, pearl
⑦ 料理： dinner, fruit, orange, roast, salad, sauce, soup, spice
⑧ 芸術： art, design, music, melody, poet, romance, story
⑨ その他： adventure, age, chair, city, conversation, curtain, flower, foreign, hour, joy, mountain

なかでもノルマン人のフランス語による支配をよく表しているのは、食肉を表す語である。家畜名は本来の英語で ox, swine, sheep, calf などと呼ばれるのに、食卓に出されるときには、フランス語借入語である beef, pork, mutton, veal が使われた。これは、被支配者のイギリス人の農民が汗水流して育てた家畜を、支配者であるノルマン人が料理として食べていたからだといわれている。

中期英語の時代には、学術語としてラテン語も多く借入された。またフランス語やラテン語をとおして、ギリシア語からの借入も行われた。

ラテン語借入語：dial, discuss, genius, history, interest, library, minor, picture, quiet, summary

ギリシア語借入語：Bible, chaos, climate, echo, theatre

このように英語は語の借入によってその表現力を大きく高めた。古期英語の単語の多くはフランス語にとって替わられ、消えていったが、共存したものもあり、その結果英語の本来語と同じ意味をもつ語が増加した。

本来語	フランス語借入語	本来語	フランス語借入語
folk	people	help	aid
house	mansion	deep	profound
give	present	cloth	dress
wedding	marriage	freedom	liberty
tooth	dental	hand	manual

　さらに、本来語・フランス語・ラテン語とで3層の同義語を形成している場合もある。古期英語に由来する語がより口語的、民衆的であるのに対し、フランス語起源の語は文語的、文学的であり、ラテン語からの借入語は学術的である。

	本来語	フランス語借入語	ラテン語借入語
王の	kingly	royal	regal
質問する	ask	question	interrogate
確固たる	fast	firm	secure
登る	rise	mount	ascend
時代	time	age	epoch

3.3.3. 文法

　中期英語の文法の特徴は、屈折の単純化である。古期英語時代の複雑な語尾変化が、中期英語の時代には著しく単純化された。そのため、この時代を「屈折水平化の時代」(period of leveled inflection)と呼ぶ。中期英語は、屈折言語から分析言語へと脱皮する過渡期であったといえる。

　古期英語にあった名詞の性の区別は、中期英語になると失われた。これとあいまって、複雑な名詞の語尾変化はほとんどが消失し、-(e)s で終わる属格と複数だけが残った。これと同時に、複雑な語尾変化をしていた形容詞の語尾の母音も -e に水平化された。

　屈折単純化の原因には、外的なものと内的なものとが考えられる。外的な原因としては、まず北欧語やフランス語との接触がある。異なった言語を使って意志伝達を行うとき、屈折語尾のような細かい文法は無視され、単純化されるのが常である。侵入者のデーン人やノルマン人たちは、英語

の語幹だけを用いて話をしたと考えられ、これが屈折を消失させた一因であるといわれる。また、公式の書きことばとして用いられず、一般大衆の話すにまかされていたことも、文法の単純化を促すことになった。

　内的な原因として、英語はもともと最初の部分にアクセントを置き、アクセントのある母音は強く、ない母音は弱くあいまいに発音されていた。この傾向がさらに進み、アクセントのない語尾が消えていったと考えられる。このような外的・内的原因があいまって、その屈折の大部分が消失していったのであろう。

　屈折が単純化された結果、語尾変化に代わって文法関係を示す手段としてSVOの語順が確立し、さらに by, with, from などの前置詞の用法も発達した。また屈折がなくなると、品詞の転換が促進され、同じ語をそのままの形で別の品詞として用いるようになった。

　2.4.3.でみた古期英語による「主の祈り」を中期英語で表すと次のようになる。これはウィクリフによる1382年の訳である。

> Oure fadir that art in heuenes,
> halewid be thi name; thi kyngdom come to;
> be thi wille don in erthe as in heuene;
> gyue to us this dai oure breed ouer othir substaunce;
> and forgyue to vs oure dettis;
> as we forgyuen to oure dettouris;
> and lede vs not in to temptacioun,
> but delyuere vs fro yuel.　Amen.

3.4. 印刷術の導入

　活版印刷術は15世紀の中頃、ドイツのグーテンベルグによって発明された。カクストン(William Caxton: 1422?-91)は1476年、イギリス最初の印刷所をウェストミンスターに開設して数多くの重要な作品をロンドン方言に翻訳した。それ以前は僧侶や写字生が書物を手で書き写していたので誤りも多く、部数も限られていた。この印刷術の発明と普及は、言語や文芸の発展のうえで1つの革命的な出来事であった。それまでは各地方

の方言の差や個人ごとの綴りの違いがばらばらに存在していたが、活版印刷の開始によって、英語の綴り字や文体が固定されて広く普及することになり、また書物が多くの人の手に入りやすくなった。こうして印刷術は学問と知識の普及を格段に容易にし、その後のイギリスの社会を一変させることになる。

▼活版印刷所

4. 近代英語

　近代英語の時代はさらに2つに分けられ、1500～1700年を初期近代英語、1700～1900年を後期近代英語と呼ぶ。

4.1. 時代背景

　中期英語と近代英語とを分けるのに、古期英語と中期英語を画したノルマン人の征服のような大事件はみられない。しかし社会的・文化的背景として重要なのは、印刷術の導入によるコミュニケーション革命と、1500～1650年の英国ルネッサンスである。

4.1.1. 初期近代英語

　印刷術の発達のおかげで多くの書物が出版されるようになり、それに伴って教育が一層普及した。大部分の本がロンドン方言で印刷されたので、ロンドン方言がイギリス中に広められた。

　ルネッサンス(Renaissance)は、もともと14〜16世紀にイタリアを中心におこった文化の興隆で、ギリシア・ローマの古典文化の復活をめざし、暗黒時代といわれた中世の宗教的な束縛から人間性を開放しようとする運動であった。これはイギリスにも広まり、16世紀には芸術・科学・文学が盛んになった。ルネッサンスは古典研究の復活であり、古典文学や古典語であるラテン語やギリシア語に対する関心が高まった。その結果多数のラテン語が英語に流入し、16世紀半ばにその影響は頂点に達した。ラテン語やフランス語が英語よりも高く評価され、特にラテン語は学術面の中心的言語となり、トマス・モアやニュートンらにより、すぐれた著作が書かれた。

　しかし一方では、こうした動きに対する反動として、古典語使用への反発も高まった。そしてシェイクスピアの活躍、欽定訳聖書の出版、教育の普及により、イギリス人は自国語である英語に対して誇りや自信をもつようになった。重要な作品が英語で書かれ、借入などにより語彙が豊富になったため、英語は洗練された言語として再認識されるようになった。

　この時代はまた、商業や交通機関が発達した時代であり、アメリカ大陸の発見やマゼランの世界一周などに始まる、大航海の時代でもあった。その結果、英語が世界の国ぐにとの接触をもち始める。宗教上の理由から、1部の清教徒が新大陸アメリカに逃れたのもこの頃であった。

4.1.2. 後期近代英語

　18世紀に入ると、帝国主義政策によりさらに植民地が広がり、カナダやオーストラリアなどもイギリス領となった。その結果、英語は世界中の言語から語を吸収し、国際語としての英語の素地が作られた。また18世紀半ばに始まった産業革命により、イギリスは急速に工業化された。交通の発達や海外の植民地市場の拡大とともに、産業革命はイギリスに巨大な

富と力をもたらし、英国は史上最強、最大の国となった。また18世紀のロンドンは国内はもちろん世界の金融・商業の中心となった。

　また、英語史上忘れてはならないのがアメリカの独立である。第1章でみたように、アメリカ英語はイギリス英語とは違った発達をとげ、第二次大戦後は世界の経済・政治・商業の中心となり、イギリス英語にさまざまな影響を与えている。

4.2. シェイクスピアと欽定訳聖書

▼シェイクスピアの肖像画

　イギリスが世界に誇る文豪シェイクスピア(William Shakespeare:1564-1616)は、世界の文学史上で最高傑作とされる作品を数多く生み出した。エリザベス朝の英語の特質は、文法的な正確さよりも明晰さや簡潔さを重んじたところにあり、型破りな表現が多く、自由な活力がみなぎっていた。シェイクスピアはこのような英語を駆使して数多くの名作を書いたのである。彼が用いた3万余りの語彙のうち、約90%が英語の本来語であり、このことがイギリスの万人に広く愛読された一因となっている。語彙はきわめて豊富で、彼がとり入れたり作ったりした新語も多い。作品中で用いられ、現代でもそのまま通用している語句もたくさんあり、英語の共有財産の1部になっている。次に『ハムレット』から引用してみよう。

　　To be, or not to be; that is the question.（生か死か、それが問題だ）
　　Brevity is the soul of wit.（簡潔さこそ知恵の泉）
　　Frailty, thy name is woman!（脆き者、汝の名は女）
　　I must be cruel, only to be kind.（無慈悲なことを申し上げるのも、
　　　あなたのためを思えばこそ）
　　The rest is silence.　（あとはただ沈黙）

ルネッサンスは宗教改革をもたらし、宗教改革は聖書の翻訳を生んだが、聖書の英訳は抑圧と殉教の歴史であった。当時、神のことばである聖書を民衆のことばに翻訳・出版することは、教会の権威を脅かすことであった。ティンデイル(William Tindale:1492?-1536)はギリシア語の原典からの英訳聖書を出版して火刑に処せられた。これを土台にして改訂されたのが、欽定訳聖書(*The Authorized Version of the Bible*)である。エリザベス女王のあとを継いだジェームズ１世の勅命により、７年間にわたり多数の聖職者や学者が改訂にあたり、1611年に出版された。シェイクスピアが３万語余りの語彙を駆使したのと対照的に、使用されている語彙は8000語足らずで、その90％以上が英語の本来語である。文体は簡潔、素朴でしかも力強く、威厳がある。のちの英語に及ぼした影響は絶大で、英米人の宗教生活だけでなく、思想・文化・文芸や日常生活のすべてにわたって浸透していった。シェイクスピアと並んで後世に残る慣用句・名句が多く、現代英語のなかに溶け込んで、血となり肉となっている。

　　the golden rule　（黄金律）「マタイ伝」
　　cast pearls before swine　（豚に真珠を投げる）「マタイ伝」
　　a wolf in sheep's clothing　（羊の皮を着たオオカミ）「マタイ伝」
　　in the twinkling of an eye（瞬く間に）「コリント前書」
　　the apple of one's eye　（掌中の玉）「雅歌」
　　a tower of ivory　（象牙の塔）「雅歌」

4.3. 近代英語の特徴
4.3.1. 発音
　中期英語と近代英語とを分ける最大の違いは発音である。
　① 大母音推移
　　中期英語から近代英語への移行期に、英語は大母音推移(Great Vowel Shift)と呼ばれる発音上の大きな変化をとげる。大母音推移は15世紀頃から200年ほどの長い期間にわたって起こった英語史上もっとも大きな変化である。

▼母音推移図

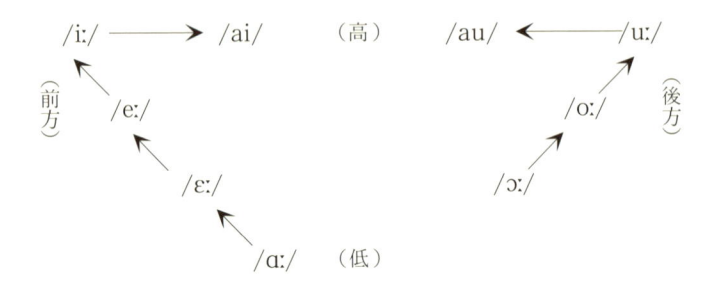

```
/iː/ ──────→ /ai/    (高)    /au/ ←────── /uː/
        ↖                              ↗
(前方)  /eː/                        /oː/   (後方)
          ↖                        ↗
           /ɛː/                  /ɔː/
              ↖                ↗
                /ɑː/   (低)
```

このようにして母音を発音する位置が1段ずつ上がって変化した。[iː]と[uː]はそれ以上高められないので、二重母音化して[ai]と[au]になった。以下そのおもなものについて実例をあげてみよう。

(ME) 　(Mod. E) 　(PE)

[iː] ────→ [əi] ────→ [ai]　　five, knife, nice, wife, child, kind, cry

[uː] ────→ [əu] ────→ [au]　　now, town, mouse, out, pound

[eː] ────→ [iː] ────→　　　　cheese, feet, tree, people, piece

[oː] ────→ [uː] ────→　　　　cool, fool, goose, mood, noon, pool

[ɛː] ────→ [eː] → [iː] ────→　clean, dream, heat, lead, meal, peace

[ɔː] ────→ [oː] → [ou] ────→　alone, hole, smoke, whole, boat, road

[ɑː] ────→ [ɛː] → [eː] → [ei]　cake, face, game, gate, place, race

② 語尾の e 音の消失

　14世紀頃にはまだ発音されていた語尾の[e]音は、15世紀末には発音されなくなり、16世紀には綴りからも大部分が消えた。

③ 子音の変化

　a. -gh- の[ç]または[x]音の消失、あるいは[f]音への変化
　b. 語頭の k, g, w や語中の l, t や語尾の b などの黙字化
　　　know, gnaw, write, half, talk, soften, castle, climb
　c. [s] [f] [θ] の有声化　　　as, is, knives, of, the, with

d. [sj] [tj] [zj] [dj] が同化作用をおこして、それぞれ [ʃ] [tʃ] [ʒ] [dʒ] になった。

　　nation, nature, vision, grandeur

④ 発音と綴りの不一致

大母音推移によって発音が大きく変化したのに対し、綴り字の方は印刷術の導入で固定化された。そのため、それまでは比較的よく一致していた発音と綴りは、近代英語の時代になって分離することになる。

4.3.2. 語彙

近代英語の特徴として、発音の変化と並んで重要なのは語彙の増加で、特にルネッサンス期における多数のラテン語系の語の借入である。この時代のヨーロッパはさまざまな分野で人間の活動が活発になり、科学や医学も急速に発達して文化が拡大した。ところが次つぎに生まれる新しい概念・技術・発明品を正確に表すことばが英語には不足しており、古典語からの借入によって語彙を補おうと努めた。そのため借入が飛躍的に増大するが、ルネッサンス期の借入語の大半を占めるのがラテン語である。またギリシア古典の研究が盛んになったため、ギリシア語からの借入語もたくさんみられた。

① 古典語借入語

　ラテン語借入語

　　album, alibi, antenna, area, arena, circus, consensus, data, focus, maximum, medium, moratorium, plus

　ギリシア語借入語

　　atom, alphabet, camera, character, climax, comma, crisis, dilemma, disaster, drama, idea, theory, topic, tragic

また、この時期の古典語からの借入は、語だけでなく、接頭辞・接尾辞にも及んでいる。これらは今日もなお英語の語形成能力を大幅に増大させている。

	接頭辞	接尾辞
ラテン語	de-, dis-, ex-, in-, inter-, per-, pre-, pro-	-ment, -tion, -ant, -able, -ible, -ic
ギリシア語	bio-, auto-, micro-, anti-	-graph, -logy, -ize, -ism

　ラテン語やギリシア語からの借入語は学術語が多かったので、「インキ壷語」(inkhorn terms) と呼んで皮肉をいう者もいた。しかし、これらの借入語のおかげで英語の語彙が豊かになり、表現力も増大したのである。
　また、イギリスの世界進出の結果として国際交流が盛んになり、世界各国の文物とともに外国語もどんどん流入し、英語は世界語としての地位を確立していく。
② フランス語借入語（この時代のものは本来の発音が残っている。）
　　　ballet, blouse, coupon, elite, entrance, etiquette, group, madam, menu, picnic, pioneer, police, restaurant, volunteer
③ イタリア語借入語
　　　balcony, carnival, concert, influenza, model, opera, piano, rocket, studio
④ ドイツ語借入語
　　　kindergarten, nickel, quartz, rucksack, psychology, satellite, staff, waltz
⑤ スペイン語借入語
　　　banana, cocoa, guitar, hurricane, mosquito, potato
⑥ オランダ借入語
　　　cruise, buoy, dock, knapsack, landscape, sketch, yacht
⑦ その他
　　　ペルシア語(caravan, bazaar)　トルコ語(kiosk, coffee)
　一方ゲルマン系の固有語に属する語は、英語の基礎的な語彙を構成しており、全体の語彙の約35%を占めている。

4.3.3. 文法

近代英語期には、屈折の単純化・消失がさらに進んだ。格や性に伴う名詞や形容詞の語形変化は、名詞の複数形と所有格 -s、形容詞の比較級・最上級を示す -er, -est を除いてほぼ完全に消失した。そのため、この時代は「屈折消失の時代」(period of lost inflection) と呼ばれる。

人称代名詞でも現代英語の用法が確立された。たとえば、2人称単数代名詞の古い形である thou, thy, thee にとって代った ye, your, you のうち、主格の ye が you の形に変化した。また it の所有格として its の形が新しく形成された。

動詞の活用では、単数過去形と複数過去形が統一され、3人称単数現在形の -s が確立した。また助動詞や前置詞がさらに発達し、語順がますます重要になった。

いずれにしても、英語の歴史における文法面でのもっとも顕著な変遷は、もともと語形変化や活用の完備した「屈折言語」であった言語が、時代をへるにつれ、前置詞などの機能語や語順によって文法関係を示す「分析言語」(analytic language) へと変化した点である。

4.4. 英語の標準化

18世紀は理性の時代 (Age of Reason) と呼ばれた。この時代に、英語になんらかの規範が必要であるという声が高くなり、英語の標準化への気運が高まった。

4.4.1. アカデミー設立運動

18世紀に入ると、イタリアやフランスにならって、文法・発音・語法・語彙の整備や改良を目的とするアカデミーを設立しようという運動が始まる。英語を規則化し、正しい用法の基準を定め、その理想的な形を固定しようというのがその主旨であった。結局、アカデミーの設立は実現しなかったが、その代わりに18世紀以降、英文法書が出版されるようになり、辞書の充実にも努力が傾けられた。

4.4.2. 辞書の編纂

① ジョンソンの英語辞典

A Dictionary of the English Language (1755) は、イギリスで最初の本格的な英語辞典で、これを独力で編纂したのがジョンソン (Samuel Johnson: 1709-84) であった。収録語数は約4万3000語で、綴り字を固定し、厳密な語の定義と豊富な用例で、俗語の氾濫していた当時の英語に標準的な模範を示した。これがのちの辞書の編集方法に与えた影響ははかり知れない。

② オックスフォード大辞典

現代における最高権威とされる英語辞典は、1884年から1928年にかけて出版された *A New English Dictionary on Historical Principles*(『歴史的原理に基づく新英語辞典』)である。

▼OED の一項目

English ('ɪŋglɪʃ), *v.* Forms: 4 Englysch, 4-6 -isshe, -ys(s)he, 4- English. [f. prec. adj.]

1. a. *trans.* To translate into English (a book, passage, etc.); to give the English equivalent for (a word or phrase).

1388 WYCLIF *Bible* Prol. xv, To Englisshe it aftir the word wolde he derk and doutefull. *Ibid.*, I Englishe it thus. c 1430 LYDG. *Chorle & Byrde* (1818) 18 Out of frenssh how that hit englisshid be. 1490 CAXTON *Eneydos* (1889) 4 For hym, I knowe for suffycyent to expowne and englysshe euery dyffyculte that is therin. 1533 MORE *Apol.* v. Wks. 854/2 Howe be it the preacher englisheth it thus. 1660 BOYLE *Seraph. Love* xvii (1700) 106 Purchas'd for a Ransom, the Original Word English'd Redemption. 1728 MORGAN *Algiers* I. Pref. 19 It fully excuses my not Englishing them from the Greek my own self. 1807 *Ann. Rev.* V. 510 All German verses can be Englished in fewer syllables. 1872 SPURGEON *Treas. Dav.* Ps. lxii. 1 If we Englished the word, by our word 'verily'.

b. To render in English orthography. *rare.*

1807 G. CHALMERS *Caledonia* I. II. 284 The common word..is *ruadh*, or as it is englished *roy.*

† **2.** To render into plain English; to describe in plain terms. *Obs.*

1598 SHAKS. *Merry W.* I. iii. 51 The hardest voice of her behauiour (to be english'd rightly) is, I am Sir John Falstafs. 1649 MILTON *Eikon.* v. 44 Those gracious Acts..may be english'd more properly Acts of feare. 1671 FLAVEL *Fount. Life* viii. 22, I am ashamed that my pen should English what mine eyes have seen.

3. To make English, to anglicize. **a.** To adopt (a word) into the English language; to give it an English character or form. **b.** To subject to English influence.

1824-9 LANDOR *Imag. Conv.* (1846) I. 157 *Liqueur* is not yet Englished. 1879 WALFORD *Londoniana* II. 99 The word 'Comfort' originally Norman and afterwards englished. 1880 GRANT WHITE *Every-Day Eng.* 21 When a foreign word has been transplanted into our speech and has taken firm root there, it should be thoroughly Englished. 1880 BROWNING *Dram. Idylls* II. *Clive* 9 The man Clive—he fought Plassy..Conquered and annexed and Englished! 1934 H. G. WELLS *Exper. Autobiogr.* II. viii. §5. 622, I think Conrad owed a very great deal to their early association; Hueffer helped greatly to 'English' him and his idiom. 1965 *Evening Standard* 10 Dec. 6/6 A New York tailor is advertising:..Let us take your Stateside suit and English it up.

この辞典は 1895 年以降は、*The Oxford English Dictionary* (*OED*) の名で広く親しまれている。全13巻からなり、収録語数は約 42 万語、用例約 183 万にのぼる。この辞典の最大の特徴は、語形と意味の変遷を歴史的に明らかにしているところである。1989 年には補遺と 5000 の新項目を入れた全 20 巻からなる第 2 版が出されたが、現在さらに初の完全改訂版の出版をめざしている。

③ ウェブスター大辞典

イギリスの *OED* に対して、アメリカの辞典を代表するのが、ウェブスター大辞典であり、収録語数は 45 万語以上である。現行のものは、*Webster's Third New International Dictionary of the English Language* (1961)で、一般には『ウェブスター第 3 版』と呼ばれている。*OED* と異なり、科学用語を含み、図版を数多く組み込んで百科事典的な性格をもつのが特色である。

4.5. アメリカ英語への分岐

1607 年、新大陸のヴァージニアに初めて永久的植民地が建設され、ついで 1620 年に清教徒たちがマサチュセッツに植民地を開いたのを契機として、イギリス人のアメリカ植民が始まる。しかし、この 2 つの植民地は異なった言語的背景をもっていた。ヴァージニアの植民者はイングランド西部の出身で、母音のあとの r 音を強く響かせるというような訛りがあった。一方プリマスの植民者はイングランド東部の出身で、母音のあとの r 音を省くのが特徴であった。この傾向は今なおニューイングランド人の発音の特徴とされている。こうして彼らがもち込んだ英語は、「アメリカ英語」として本国イギリスの英語とは異なった発展をとげるのである。

このように、アメリカ英語の成立過程はイギリス英語とはまったく異なっている。いずれにしても、イギリスからの移民とともに新大陸に移植された英語が、イギリス本国からの独立や、世界中からの移民の流入、さらにアメリカ合衆国の政治的・経済的発展に伴ってアメリカ英語として成長し、今や映画・テレビ・新聞・雑誌・音楽・インターネット(電子メールなど)を通じて世界中に流れているのである。

── バベルの塔 ──

　ことばの話でよく引用されるのが、「バベルの塔」(The Tower of Babel)の話である。これは旧約聖書の創世記(Genesis)の中に書かれているもので、時代は人類がみな同じ1つのことばを話していた頃にまでさかのぼる。その物語によると、人類はノアの大洪水の後、バビロニアの地にレンガ造りの塔を建て、その頂を天にまで届かせようとした。神はこれを見て人類の言語を乱し、互いにことばが通じないようにした。そのため人びとは塔の建設をあきらめ、町を捨てて地上のあちこちに散らばって行ったという。バベルという名前は、ヘブライ語のバビロン(神の門)とバラル(混乱)からつくられた混成語である。この話は、文明の背後に潜む人間の傲慢さや自己過信がもたらす悲劇的な結末を表すとされており、その意味では現代にも通じるものがある。

第3章 音韻論

私たちはふつう文字や音声を使って意志伝達を行うが、その音声を言語音(speech sound)、あるいは単音(phone)という。この言語音の類似・相違などの具体的な特徴を研究するのが音声学(phonetics)である。さらに、言語音が互いにどのように関連づけられるのか、音声的差異がどのように意味の差異に関与しているのか、言語音がどのように配列・分布されて語が作られるのかなどを研究するのが、音韻論(phonology)である。
　ここでは、前半で言語音を発するときに使われる発音器官と、言語音の下位区分である母音と子音を、後半で言語の基本的音韻単位である音素をとりあげることにしよう。

1. 発音器官

　言語音を作りだす器官は、発音器官または音声器官(organs of speech)といわれる。これらは発音だけでなく、呼吸・消化などの機能も兼ねている。この音声器官を通してさまざまな音を作りだすことを調音(articulation)というが、そのしくみはどのようになっているのであろうか。
　肺から押し上げられた空気(呼気)は、気管を通って、喉頭にある声帯にくる。この声帯は水平に張られた1対の「ひだ」からなり、このひだの間が声門である。ここを通って空気はさらに上がっていき、咽頭にくる。この場所は空気が鼻の方に流れるか、口の方に流れるかの分かれ目となる。口蓋つまり口の天井から、喉の奥の方に垂れ下がっている口蓋垂が上がると、鼻の方への空気の流れが止められ、空気は口の方にだけ流れる。この空気は口腔の中で、舌(舌先・前舌・中舌・後舌)、口蓋(歯茎・硬口蓋・軟口蓋)、唇(上唇・下唇)、歯などにより、一旦止められたり、その通り道を狭められたり、あるいは何の妨害も受けることなく口の外に出ていくことで、さまざまな音が作られる。また口蓋垂が下がると、空気は鼻と口の両方に流れることになるが、口の中のどこかで流れが止められると、空気は鼻の方だけに流れて、鼻腔で共鳴し鼻音になる。

2. 有声音と無声音

　言語音は声帯の状態により3つに分類される。

① 無声音 (voiceless sound)：声帯が開かれていると声門ができ、肺からの空気は声帯の振動を伴わずにそのまま外に出るが、このとき生じる音が無声音である。
② 有声音 (voiced sound)：声帯が少し開いていると、肺からの空気は、声門を通るときに声帯を振動させるが、このとき生じる音が有声音である。
③ 声門閉止音 (glottal stop)：声帯がピタリと閉じていると、肺からの空気がここで止められてしまう。この声門閉止音はいきむときに出る音である。

3. 母音と子音

言語音はまた母音と子音にも分けられる。呼気が、口腔のどこかで一旦止められたり、あるいは通り道が狭められて摩擦をおこしながら出てくるとき、これを子音 (consonant) と呼ぶ。一方まったく阻まれることなく出てくる音を母音 (vowel) と呼ぶ。子音は有声音・無声音のどちらもあるが、母音はすべて有声音である。

3.1. 母音

英語の母音は3つの基準によって分類される。
① 舌の最高点の前後関係
　前舌母音 (front vowel)：[iː] [i] [e] [ɛ] [æ] [a]
　　前舌の部分がもっとも高くなる母音
　中舌母音 (central vowel)：[ɚː/əː] [ɚ/ə] [ʌ]
　　中舌の部分がもっとも高くなる母音
　後舌母音 (back vowel)：[ɑː] [ɑ] [ɔː] [ɔ] [o] [uː] [u]
　　後舌の部分がもっとも高くなる母音
② 舌の最高点の高低関係
　高母音 (high vowel)：[iː] [i] [uː] [u]
　　舌の最高点が高い

中母音(mid vowel)：[e] [ɛ] [ɚː/əː] [ɚ/ə] [o]
　　舌の最高点が中くらい
低母音(low vowel)：[æ] [a] [ʌ] [ɑː] [ɑ] [ɔː] [ɔ]
　　舌の最高点が低い
それぞれの高さにおいて、より口が閉じていれば閉じた音(close)、より口が開いていれば開いた音(open)と呼ぶ。

③ 唇の形
　円唇母音(rounded vowel)：[uː] [u] [o] [ɔː] [ɔ]
　　唇を丸めて発音する母音
　非円唇母音(unrounded vowel)：[iː] [i] [e] [ɛ] [æ] [a] [ɚː/əː] [ɚ/ə] [ʌ] [ɑː] [ɑ]
　　唇を丸めないで発音する母音

このほかに、舌や唇を緊張させて発音する緊張母音(tense vowel)と、弛緩させて発音する弛緩母音(lax vowel)を区別することもある。

　これらの母音を1つの図にまとめてみよう。まず口の中で母音が作られる範囲を設定する。舌の最高点(舌位)が最大限まで高く前に寄っている点、最大限まで高くうしろに寄っている点、低く前に寄っている点、低くうしろに寄っている点の4点を求め、これらを結んで四角形を作る。さらにこの四角形の2辺を3等分して区分する。この四角形の中に英語の各母音の舌位の位置を書き込めば、英語の母音図ができあがる。

▼母音の範囲　　　　　　　▼英語の母音図

3.2. 二重母音

二重母音(diphthong)は、2つの異なった単母音(monophthong)記号を組み合わせて表記するが、それぞれの単母音を順番に連続して発音するのではなく、1つの音として発音する。そこで二重母音の第1要素は音量大きく・強く・長く発音し、第2要素は音量小さく・弱く・短く発音する。この第1要素を主音、第2要素を副音と呼ぶこともある。この二重母音は、舌位の移動方向と距離によって分類される。

① 舌位の移動方向

上向き二重母音(closing diphthong/ascending diphthong)

[ei] [ai] [ɔi]　副音の[i]の方へ舌位が動く

[au] [ou]　副音の[u]の方へ舌位が動く

中向き二重母音(centering diphthong)

[iɚ/ə] [ɛɚ/ə] [ɑɚ] [ɔɚ/ə] [uɚ/ə]　副音の[ɚ/ə]の方へ舌位が動く

② 舌位の移動距離

全二重母音(full diphthong)

[ai] [au] [ɔi]　舌の移動距離が比較的長い

半二重母音(half diphthong)

[ei] [ou]　舌の移動距離が比較的短い

このほかに英語の母音には[aiɚ/ə] [auɚ/ə]のように、三重母音(triphthong)と呼ぶものがあるが、これらもまた1つの音であり、第1要素以外は添える感じで発音する。

3.3. 子音

英語の子音は3つの基準によって分類される。

① 有声音・無声音

有声子音(voiced consonant)：[b] [d] [g] [m] [n] [ŋ] [l] [v] [ð] [z] [ʒ] [dʒ] [w] [r] [j]

無声子音(voiceless consonant)：[p] [t] [k] [f] [θ] [s] [ʃ] [tʃ] [h]

② 調音位置あるいは調音点(place of articulation, point of articulation)

両唇音(bilabial)：[p] [b] [m] [w]
　　上下両方の唇を使う音
唇歯音(labio-dental)：[f] [v]
　　上の歯と下唇で出す音
歯音(dental)：[θ] [ð]
　　上の前歯と舌先で作られる音
歯茎音(alveolar)：[t] [d] [s] [z] [l] [n]
　　歯茎と舌先を使う音
歯茎硬口蓋音(alveo-palatal, palato-alveolar)：[ʃ] [ʒ] [tʃ] [dʒ] [r]
　　歯茎から硬口蓋のあたりに舌をもってきて出す音
硬口蓋音(palatal)：[j]
　　硬口蓋と舌で出す音
軟口蓋音(velar)：[k] [g] [ŋ]
　　軟口蓋と舌の後方で出す音
声門音(glottal)：[h]
　　声門に息を通して作る音

③ 調音様式あるいは調音法(manner of articulation)

破裂音(plosive)：[p] [b] [t] [d] [k] [g]
　　息の通り道を完全に閉鎖してから、そのふさがったところを急に開け、破裂を起こして発音する。閉鎖音(stop)ともいう。
摩擦音(fricative)：[f] [v] [θ] [ð] [s] [z] [ʃ] [ʒ] [h]
　　息の通り道を狭くし、その狭いところから息を押し出して発音する。
破擦音(affricate)：[tʃ] [dʒ]
　　ある調音点で息を閉鎖し、次にこの閉鎖を少しずつ解き、摩擦を起こしながら発音する。
鼻音(nasal)：[m] [n] [ŋ]
　　口の中を調音器官でふさいで、息を鼻から出して発音する。
側音(lateral)：[l]
　　舌先を歯茎に押し当てて、空気が前に出ないようにし、息を舌の両側から出して発音する。

移行音(glide)：[w] [r] [j]
調音器官のある位置から別の位置に移行するときに発音される音で、半母音(semi-vowel)ともいう。

これらの3つの基準で子音をまとめてみると、次の表になる。

様式\位置 声の有無	両唇		唇歯		歯		歯茎		歯茎硬口蓋		硬口蓋		軟口蓋		声門	
	-v	+v	-v	+v	-v	+v	-v	+v	-v	+v	-v	+v	-v	+v	-v	+v
破裂音	p	b					t	d					k	g		
摩擦音			f	v	θ	ð	s	z	ʃ	ʒ					h	
破擦音									tʃ	dʒ						
鼻音		m						n						ŋ		
側音								l								
移行音		w						r				j		(w)		

4. 音素

3つの単語、①pin, ②spin, ③top を実際に発音すると、語のなかのp音は微妙に異なることが分かる。①の語頭のp音はそのあとに気音(aspiration)と呼ばれる[h]のようなものがつく。これは[p']あるいは[pʰ]と表記される。②のまん中のp音は息がパッと破裂せず、非常に弱く、気音の伴わない音である。これは[p]と表記される。③の語尾のp音は破裂しないし、ときにはのみ込まれて響かない。つまり無開放の音になり、これを表す記号は[p̚]である。

このような微妙な音の差は、英語を母語とする人であればほぼふつうに生じるものであり、さらに同じ人でも発音のたびごとに多少の差を伴う。ところが話し手はどの場合にも同じ音を発音しているつもりだし、また聞き手も同じ音が発せられていると思っている。ということは、この微妙な差は、たとえば[b]音や[k]音との差ほど重要ではないことになる。なぜなら[pit]と[bit]や[kit]ではまったく別の単語になってしまうからである。つまり、これらの語頭音には意味の差をもたらす働きがあることになる。この意味を区別する働きをもつ音声上の最小単位を、音素(phoneme)といい、2本の斜線で囲んで表記(/p/)する。

音素に関係するいくつかの重要な用語をまとめておこう。
① 最小対
　音素は互いに区別する関係にあるため、弁別的(distinctive)な音であるといわれる。2つの語が、同じ場所にある音素1つの違いを除けば音のうえで同一であるとき、その2語は最小対(minimal pair)をなすという。たとえば、top/mop, pray/tray などがその例である。
② 異音
　1つの音素に対応する具体的、物理的な音を異音(allophone)という。上の例では、音素/p/は [pʰ] [p] [p̚] の異音をもつということになる。
③ 相補分布
　異音はそれぞれ生じる場所が決定されていて、ほかの異音の出てくる位置には現れない。つまり異音は生じる位置によって決まってくる(positionally conditioned)。このようにAという音が現れる状況ではBの音が現れず、B音が現れる状況ではA音が現れない、という分布のしかたを相補分布(complementary distribution)という。
④ 自由変異
　語尾の[p]音は、ふつう破裂を伴わず、ときにはのみ込まれて響かない。ところがこれは人によって、また発音される状況によって、気息音化されることもある。このように語の意味を変えずに音が入れ換わることを、自由変異(free variation)と呼び、生じた音を自由変異音(free variant)という。
⑤ 精密表記と簡略表記
　[pʰ][p][p̚]のように、異音を表す記号を使って音の微妙な差までも表記したものを、精密表記(narrow transcription)といい、/p/のように、音素だけを表したものを簡略表記(broad transcription)という。この音素記号は同一音素の異音間の音声的相違を表しているのではなく、一連の現実の音声を代表するものを表していることになる。音表記としては、精密表記では複雑になりすぎるので、実用的に両者を折衷した表記、むしろ音素記号に近いものを発音記号として使うことが多い。

5. 音節

意味の違いに係わる最小の音声単位が音素であったが、文の構成上の最小単位である語(word)はふつうこの音素がいくつか連続したものからなる。もちろん冠詞a[ə, ei]、人称代名詞I[ai]のように1つの単母音や1つの二重母音からなるものもあるが、ふつうは2つ以上の音連続(sound sequence)からなる。そこでこの音連続は、1つの音、あるいは複数の音が、密接に結合して形成された単位の集合として捉えられる。この単位が音節(syllable)である。したがって音節は、音素と語の中間に位置する発音上の単位ということになる。

この音節成立には、聞こえ度(sonority)という音の響き聞こえる度合が関係する。度合は大きい順に、[1. 低母音　2. 中母音　3. 高母音　4. 半母音　5. 側音・鼻音　6. 有声摩擦音　7. 有声破裂音　8. 無声摩擦音　9. 無声破裂音]となる。ある音連続で、音量の大きい2つの音の間に小さい音がはさまれると、音量の山と谷ができ、その谷のところで音連続が区切られるように聞こえる。この谷と次の谷との間が、1つの音節と呼ばれるものである。

音節構造を1例をあげて考えてみよう。America[əmérikə]には母音が4つ含まれ、4つの山をもつ4音節語となるが、間の谷の部分はどちらの山につくのであろうか。音節構成のおおまかなルールには2つある。

① 長母音、二重母音、強勢の置かれない母音は、音節の終わりにくる。
② 強勢のある短母音は、次にくる子音と音節を作る。

したがって、America[ə|mér|i|kə]の音節はA・mer・i・caに分けられることになる。

6. 音節構造

英語の音節はただ1つの音からなる場合もあるが、ふつうは母音を中心にその前後に子音が結びついて構成される。これを閉音節構造という。一方日本語はふつう子音と母音が交互に配列される開音節構造をとる。英語の音節構造は3つの種類に分けられる。

① 単音節語 (monosyllabic word)：eye, strength などの1音節からなる語
② 2音節語 (disyllabic word)：hap・py, la・dy などの2音節からなる語
③ 多音節語 (polysyllabic word)：to・mor・row, u・ni・ver・si・ty などの3音節以上からなる語

音節核音の前後、すなわち音節の頭と尾に、いくつかの子音が連続して現れたものを子音結合 (consonant cluster) と呼ぶ。この子音結合はたとえば、strangles のように母音の左側では最大3つ、右側では最大4つ生じる。つまり英語の音節構造の基本的な型は、C(CC)VC(CCC)と表記されることになる。結合する子音の種類、また現れる位置については、たとえば [tr, dr] は語頭に、[tl, dl] は語末にしか現れない。ところが [pl, bl] は語頭、語末のどちらにも現れる、というような一定の制限がみられる。

7. 音変化

語・句・文のなかに含まれる母音や子音は、通常1音ずつ明瞭に発音されるわけではなく、連続することでさまざまに音変化を起こす。これは、人が発音するときになんらかの不都合を感じると、少しずつ発音しやすい音に改めるという、発音の「経済の原則」(economy of efforts) が働くからである。この音変化には連結・同化・脱落がある。

7.1. 音の連結

連続発音をなめらかに行うために、前の語の末尾の [r] や [n] と次の語の頭の母音とを連結して発音することがある。これを音の連結 (linking, liaison) という。

  r連結 far away, there are, for example
  n連結 open it, an apple, one of them
  その他 come in, not at all, look up

ただし、文法的に密接な関係がない場合 (Come here/in a minute) や、直前の音節に r がある場合 (nearer/and nearer) は、連結が起こらない。

7.2. 音の同化

　ある音が近隣の音の影響を受けて、その音あるいはそれに似た音に変化するとき、これを同化(assimilation)という。この同化は、通常子音が2つ以上結合している子音結合にみられ、3つの点から分類される。

　① 同化の方向

　　a. 進行同化(progressive assimilation)：A音とB音が並んでいるときに、AがBに影響を及ぼし、このBが変化する。

　　　　cup and saucer [kʌp ənd sɔ́:sɚ/-sə]→[kʌ́pmsɔ́:sɚ/-sə]

　　b. 逆行同化(regressive assimilation)：AがBの影響を受けて変化する。

　　　　this show[ðis ʃou]→[ðiʃʃóu] (→[ðiʃóu])
　　　　have to [hæv tu]→[hǽftu]

　　c. 融合同化(coalescent assimilation)：AとBがお互いに影響を及ぼし合って、両音に近い音に変化する。

　　　　could you [kud juː]→[kúdʒu], as yet [æz jet]→[æʒét]

　② 何が同化するか

　同化は通常子音結合に起こるが、子音はすでに述べたように、声の有無・調音位置・調音様式の3つの点から分類できる。そこで同化の場合もこの3点から捉えることができる。

　　a. 声の有無：twenty([twénti]→[twéndi])は有声音化、have toは無声音化の例である。

　　b. 調音位置：cup and saucer, this show, could you, as yetは調音位置における同化の例である。

　　c. 調音様式：obviousの[b]は、しばしば[β]になるが、これは[b] (有声音・両唇音・破裂音)が、後続する[v] (有声音・歯唇音・摩擦音)の影響を受けて、[β] (有声音・両唇音・摩擦音)に変化したものである。つまり破裂音が摩擦音の影響を受けて、摩擦音へと調音様式の点で同化を起こしたことになる。

　③ 同化の程度

　　a. 完全同化(complete assimilation)：this showのように、同化

が起きた結果、影響を受けた音が影響を及ぼした音とまったく同じ音に変化することを完全同化という。
b. 不完全同化(incomplete assimilation)：同化の結果、近い音に変化する場合で、たとえば、have to では[v]が[t]の影響を受けて無声音化し[f]になるが、破裂音にはなっていないので、不完全同化の例となる。

7.3. 音の脱落

音が省略されてしまうことを、音の脱落(elision)という。たとえば、suppose や belong のような強勢のない音節中の母音や、government や twelfths のような複雑な子音結合のなかの子音は脱落の頻度が高い。この脱落は2つに分けられる。

① 確立脱落(established elision)
歴史的な過程において消滅してしまった場合で、cupboard, waistcoat などがその例である。

② 偶発脱落(accidental elision)
一時的に省略が起きる場合で、破裂音・摩擦音・鼻音などの音連続のときに起こりやすい。deep purple[-p-], part time[-t-], this step[-s-], brush shoes[-ʃ-], some more[-m-], can not[-n-]などがその例である。

8. 超分節音素

母音や子音は、連続して流れている音をカットして1つの音素とした、分節音素(segmental phoneme)と呼ばれるものである。これに対し、この分節音素あるいは分節音素の結合にかぶせられて現れる音素は、超分節音素またはかぶせ音素(suprasegmental phoneme)といわれる。これには、強勢(stress)・連接(juncture)・音の高さ(pitch)などが含まれる。

8.1. 強勢

語のなかの音節、あるいは句・節・文の中の語が、音の強さ・高さ・長

さなどによって、相対的にいくつかの段階に区別されることを、アクセント付け(accent, accentuation)と呼ぶ。英語の場合、このアクセント付けは主として強さによって行われるので、強さアクセント(stress accent)という。したがってほとんどの場合、強勢もアクセントも同じものをさすことになる。強勢を表す記号は、ふつう次の3つで表される。

第1強勢(primary stress) /´/
　　もっとも強く発音される音節に置かれる。
第2強勢(secondary stress) /`/
　　2番目に重要な音節に置かれる。
弱(無)強勢(weak stress) 無記号
　　弱い音節に置かれる。

またこの強勢は語の音節に与えられる語強勢(word stress)と、句・節・文の語に与えられる文強勢(sentence stress)の2種類に分けられる。

8.1.1. 語強勢

　語強勢は語のなかの音節に置かれ、いわゆる辞書にのっている強勢をさす。単音節語の場合、通常そのなかの母音に強勢が置かれるので、強勢記号は省略される。2つ以上の音節からなる語には、第1強勢・第2強勢が置かれる。

　2語が結びついてできあがった複合語(compound word)は、品詞によって強勢の型が異なる。

① 複合名詞：前方強勢/´`/になることが多い。ただし複合語ではない、単なる句の場合には/`´/となる。
　　gréenhòuse 温室　(a grèen hóuse 緑色の家)
　　bláckbìrd ツグミ　(a blàck bírd 黒い鳥)
② 複合動詞：/`´/の型をとる。
　　òvercóme, ùndertáke
③ 複合形容詞：/`´/の型をとる。複合形容詞はハイフンで連結されることが多い。
　　góod-lóoking, ábsent-mínded

④ 複合副詞：/ ˋ ˊ /の型が多い。
   hèreáfter, thèrebý
⑤ 「動名詞(gerund)＋名詞」で複合語的な性格をもつ語結合は/ ˊ ˋ /で、「現在分詞(present participle)＋名詞」の句は/ ˋ ˊ /になる。
   a húnting dòg 猟犬 (a hùnting dóg 獲物を追いかけている犬)

8.1.2. 文強勢

　句・節・文の構成要素としての語にかかるのが、文強勢である。一般的に内容語(content word)には文強勢が置かれるが、機能語(function word)には置かれない。内容語は、それ自体で意味内容をもち、単独で構造上の単位として成立する語をいい、名詞・動詞・形容詞・副詞・指示代名詞・疑問詞・間投詞などを含む。一方機能語は、それ自体意味内容をほとんどもたず、主として文法的な役割を果たす形式的な語のことである。これには、冠詞・人称代名詞・助動詞・関係詞・前置詞・接続詞などが含まれる。
　ただし、例外として次のような場合、文強勢の移動がみられる。
① 意味を強めるための強意強調の場合
   Lóok at thìs cár. → Lòok at thís càr.
② ほかのものとの対比を強調するための対照強調の場合
   It's ón the dèsk, not únder it.
③ リズム上の場合
　英語の基本的なリズムを守るため、次の例のように最後の音節に第1強勢がある語に、最初の音節に第1強勢がある語が続くとき、強勢が移動する。
   Jàpanése → Jápanèse cárs

8.1.3. リズム

　英語のリズムは、強勢の置かれた音節がほぼ等しい間隔で現れるという特徴をもつ。つまり、間に含まれる弱音節の数に拘らず、ほぼ同じ時間で発音される。

Máry　　　　　téaches　　　　Énglish.
　　　Máry　　　is téaching　　　　Énglish.
　　　Máry　will be téaching some　Énglish.
上の各例文は、いずれも3ヶ所に強勢が置かれて発音されるが、上から下へ弱い音節が途中で少しずつ増えている。しかし強勢の置かれている音節間隔はほぼ同じで発音される。

8.1.4. 強形と弱形

　文中でふつう強勢を受けない機能語や be 動詞などは、弱くあいまいに発音されるが、このときの発音を弱形(weak form)という。この弱形は、母音があいまい音化されたり、音の1部が省略されたりして、2つ以上あることが多い。一方これらの語が強勢を受けるときは強形(strong form)で発音される。次の場合にもこの強形が使われる。
　① 助動詞・be 動詞と not が結合する場合：I *can't* go.
　② 付加疑問に使われる場合：She was studying English, *wasn't* she?
　③ 文尾にくる場合：You know what I *am*.

8.2. 連接

　連続ことば(connected speech)における、ちょっとした切れ目・中断・休止を連接(juncture)と呼び、次の2つに分ける。
　① 内部連接
　　連接が1つの語のなかに、あるいはまとまった語群内に現れるとき、これを内部連接(internal juncture)という。音連続としてはまったく同じであっても、内部連接によって意味の区別をつけることができる。内部連接を/＋/で示して、いくつか例をあげてみよう。
　　　a. great＋rain/gray＋train　b. that＋stuff/that's＋tough
　　　c. nitrate/night＋rate　　　d. a name/an＋aim
　　　e. a light/alight　　　　　　f. a rose/arose
　a～d は内部連接の位置あるいは有無によって、意味の区別がつくが、e と f では意味の区別がつかない。a name, a light, a rose はそれ

それ、強勢のない母音と子音の連続であるため、/+/が起こらないのである。

② 末尾連接

連続ことばにおいては、内容的にまとまりのある1つまたはいくつかの語群のうしろに休止がくるが、これはまた息をつぐためという生理的な必要性のためでもある。この休止を末尾連接 (terminal juncture)といい、3つに分類する。

　　下降連接(falling terminal:/↓/)下がって区切りを示す場合
　　上昇連接(rising terminal:/↑/)上がって区切りを示す場合
　　水平連接(level terminal:/｜/)高さは変わらず少し区切りが入る
　　　場合

次の例は末尾連接の位置によって、関係詞が制限用法にも非制限用法にもなり、意味の違いがでてくる場合である。このことから連接も音素の1つであることが分かる。

　　The boys　who were complaining　｜　were told to leave.↓
　　The boys,↑who were complaining,↑　were told to leave.↓

8.3. 高さ

個人の声の高低による絶対的な高さではなく、発話のなかでの相対的な高さを音の高さ(pitch)といい、これはふつう4つに分けられる。

　　4　特高　　(extra high)
　　3　高　　　(high)
　　2　中　　　(mid, normal)
　　1　低　　　(low)

4の高さは、非常に感情的になったり、強調したりする場合以外は用いられない。自然に声を出したときの高さが2であり、3はそれよりも高く、1はそれより低い。

ふつう第1強勢のあるところに、3の高さがくるので、強勢の違いが高さによっても区別されることになる。たとえば、This is a gréenhòuse. と This is a grèen hóuse. において、前者では green のところで、後

者では house のところで、3の高さになる。そこで「温室」か「緑色の家」かが、高さによっても明らかになる。

8.4. 音調

連続ことばにおける高低の変動を音調(intonation)という。音調は、文強勢と密接な関係があるが、ふつうは高さと末尾連接を合わせたものである。ただし末尾連接は、高さの変化と一致するので、省略されることが多い。まず基本的な音調の種類をみてみよう。

① 下降調(falling intonation) /231↓/型
　　平叙文・命令文・疑問詞で始まる疑問文・感嘆文
② 上昇調(rising intonation) /233↑/型
　　Yes/No で答える疑問文・呼びかけ
③ 水平調(level intonation) /232｜/型
　　意味的にまとまった語群・未完結の平叙文

同じ文であっても、音調によって意味が異なることがある。たとえば、命令文はふつう下降調であるが、これが上昇調になると、依頼を表す丁寧な言い方になる。また選択疑問文(Would you like tea, or coffee?)は、上昇下降調では「紅茶がいいですか、それともコーヒーがいいですか」と尋ねているが、上昇調では「紅茶かコーヒーのような飲物はいかがですか」と尋ねることになる。付加疑問文(This is your book, isn't it?)では、下降調は聞き手に発話の内容を確認し、下降上昇調は聞き手に情報を求めることになる。さらに通常の疑問文(Who's coming tomorrow?)でも、上昇調になると、相手のことばが聞きとりにくかったのでそれを確かめるエコー疑問文となり、また下降調で末尾連接が上昇になると、より丁寧な表現になる。

9. 音素から音調へ

最後に音のレベルで、英語の構造をハリデー(M.A.K. Halliday)を参考にまとめてみよう。

① まず音声上最下位のレベルに音素が設定される。この音素はすでに述べたように意味を区別する働きをもつ最小単位である。
② この音素が1つ、あるいは複数が密接に結合することにより、音節が形成される。この音節成立には各音の聞こえ度が関係する。この音節が1つ、あるいは複数連続することにより単語が形成される。この音節は強勢の置かれる強音節と、強勢の置かれない弱音節に分けられる。もちろんこの区分は、語のレベルでも、節のレベルでも考えられる。この強音節がほぼ等しい時間間隔で現れることにより、英語の等時間隔性が生まれ、これによって英語のリズムが作られる。
③ この強音節から次の強音節の直前までを脚(foot)という。したがってこの脚が強勢拍リズムの単位になる。脚のなかに強音節は1つ、弱音節は不定数含まれる。脚という単位で、前調子・主調子になる。前調子は主調子に先行し、1つないしはそれ以上の強音節を含む。主調子は節全体で特に卓立(prominence)の大きい部分をいう。つまりこの部分が、話し手が伝えようとするメッセージのなかでもっとも重要な部分であるということを示している箇所である。
④ この「(前調子＋)主調子」の構造を、調子群(tone group)という。この調子群は、音調曲線の1区切りであって、主調子の調子、たとえば、下降調・上昇調・降昇調・昇降調、あるいはこれらの組み合わせによって分けられる。

以上の流れから、1つの節(There's another one in the kitchen.)を記述することにすると、この節は1つの調子群からなり、この調子群は3つの脚に分かれ、それぞれ文頭から、前調子、前調子、主調子の順になる。(//：調子群の境界、1：主調子が下降調、 /：脚の境界、 __：主調子音節(音調核に相当))

//1 there's a/nother one in the / kitchen//

Yes のイントネーション

イントネーションは話し手のさまざまな心情的な態度を伝えるといわれているが、その1例を、ダニエル・ジョーンズ（1960）から引用して、訳をつけてみよう。

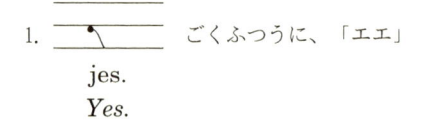

1. jes.
   Yes.
   ごくふつうに、「エエ」

2. jes.
   Yes.
   同意して、「ダヨネ」

3. jes.
   Yes.
   次のことばをうながして、「ソレデ」

4. jes?
   Yes?
   うたがって、「ソウカナ」

5. jes.
   Yes.
   譲歩して、「カモネ」

第4章 形態論

第4章 形態論

英語の単語は、book のように意味のうえからそれ以上分割できない単一の構成要素からなる単純語と、2つ以上の構成要素からなる合成語に分けられる。合成語はさらに、unkind のように単純語に接辞が付いた派生語と、schoolboy のように2つの単純語が結合した複合語に分けられる。このような語の内部構造を研究するのが形態論(morphology)である。

1. 形態素

文は細かい単位に分割していくと単語になるが、単語によってはさらに細かく分割できるものがある。(1)の文を例に考えてみよう。

(1) They encouraged the hard-working students.

encouraged は encourage と過去時制を表す -d に、encourage はさらに動詞を作る接頭辞の en- と courage に分けられる。hard-working は、hard と working に、この working はさらに work と分詞を表す -ing に分けられる。また students は student と複数を表す -s に分けられる。このように、それ以上分割すると意味がなくなるような最小の要素を形態素(morpheme)という。この「意味」のなかには、分詞・過去時制・複数などのいわゆる文法的な情報も含まれる。(1)を形態素で分けると(2)になる。

(2) they/en-/courage/-d/the/hard/work/-ing/student/-s

形態素は大きく2つに分けられる。1つは they, encourage, the, hard, work, student のようにそれだけで独立の語として使われるもので、これを自由形態素(free morpheme: F)という。もう1つは -d, -ing, -s のようにそれだけでは独立して用いられず、ほかの形式に付けられて使われる拘束形態素(bound morpheme: B：接辞)である。自由形態素はさらに、名詞・動詞・形容詞・副詞など、メッセージの内容をになう語彙的形態素と、接続詞・前置詞・冠詞・代名詞などの機能語である機能的形態素とになる。また拘束形態素のうち、-d, -ing, -s のように文法的な情報をになうものを屈折形態素(屈折接辞)といい、en- のように新しい語を作ったり、新しい意味を付け加えたりするものを派生形態素(派生接辞)という。

```
                          ┌─語彙的形態素 encourage, hard, work, student
          ┌─自由形態素─┤
          │              └─機能的形態素 they, the
形態素─┤
          │              ┌─屈折形態素(屈折接辞) -d, -ing, -s
          └─拘束形態素─┤
             (接辞)      └─派生形態素(派生接辞) en-
```

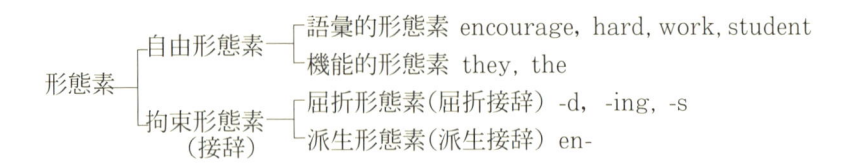

自由形態素(F)、拘束形態素(B)から単語の構成を考えると、次の5とおりが考えられる。

1. F ：book, bird
2. FF：textbook, blackbird
3. BF：unkind, reconsider
4. FB：kindness, consideration
5. BB：ascend, decend

2. 接辞

　接辞のうち屈折接辞は、語の文法的機能を表すために用いられるので、それが語に付加されても強勢や品詞の種類を変えない。ところが派生接辞は、新しい語を作ったり新しい意味を付け加えたりするので、強勢や品詞を変えることが多い。また、屈折接辞のあとに派生接辞が付加されることはないが、派生接辞が付加されて派生語となっても、さらに屈折接辞が付くことがある。

　語からすべての接辞をとり除いた残りを、語根(root)または基体(base)といい、語から屈折接辞を除いたものを語幹(stem)という。1例としてsingersで示してみよう。

```
    sing  -  er  -  s
    ‾‾‾‾    ‾‾‾‾
    語根    派生接辞
    ‾‾‾‾‾‾‾‾‾‾‾‾    ‾‾‾‾‾‾‾‾
         語幹          屈折接辞
```

3. 屈折接辞

　屈折接辞は具体的に①名詞の複数・所有格 ②形容詞・副詞の比較級と最上級 ③動詞の3人称・単数・現在、現在分詞・過去・過去分詞、のよ

うな文法的機能を表すのに用いられる。

3.1. 異形態
名詞の複数形は下のようにさまざまな形をとる。
① cap　　caps
② car　　cars
③ box　　boxes
④ foot　　feet
⑤ sheep　sheep
⑥ child　children

①～⑥の右側はどれも複数を表し、これを表す形態素はまとめて $\{Z_1\}$ と表記される。最初の3例から $\{Z_1\}$ は語彙的形態素の最後にくる音によって、[s]，[z]，[iz] という3つの音形をとることが分かる。このような具体的な形を異形態(allomorph)と呼ぶ。つまりこれらの例は音韻論的に条件づけられて、複数接辞の異形態が選択されたことになる。さらに異形態として、④からは母音の交替によってでてきた[iː]を設定することができる。⑤の単複同形の場合は、sheep に複数を示す接辞のゼロ形式［φ］が付いて複数形 sheep になると考える。⑥は-en を付けて複数形を表すが、これは形態的に規定された異形態ということになる。まとめると、$\{Z_1\}$ はこれらの複数の異形態から成立していて、すべて共通の意味範囲をもち、音韻論的・形態論的に条件づけられる相補的分布にあるということになる。

3.2. 屈折の種類
① 名詞

名詞の場合には、複数形と所有格形がある。

a. 複数形
1) 規則変化の複数形の音形
[s]：[s, ʃ, tʃ]以外の無声音のあと　　　　desks, months
[z]：母音および[z, ʒ, dʒ]以外の有声音のあと bees, gloves
[iz]：歯擦音[s, ʃ, ʒ]や破擦音[tʃ, dʒ]のあと　boxes, bridges

2) 語幹の末尾子音が変化するもの
   wife—wives, leaf—leaves
3) 語幹の母音が変化するもの
   foot—feet, tooth—teeth, man—men, goose—geese
4) -(r)en が付加されるもの
   brother—brethren, child—children, ox—oxen
5) 単複同形のもの(ゼロ接辞)
   fish, sheep, Japanese, Chinese
6) 外来語の本来の複数形をもつもの
   phenomenon—phenomena, focus—foci
7) 本来の複数形と規則複数形の両方をもつもの
   formula—formulae/formulas
   curriculum—curricula/curriculums

b. 所有格形

所有格形はアポストロフィとsによって示されることが多いが、複数形はアポストロフィを付けるだけである。人間や動物を表す名詞はすべて所有格を作ることができるが、無生物は原則として作れない。ただし、次の場合は可能である。

1) 擬人物あるいは準擬人物
   Fortune's favorite, the earth's surface
2) 時・距離・価格・重量など
   a week's journey, a hair's breadth, a dollar's worth, a ton's weight
3) 慣用表現
   for heaven's sake, at his wits' end, at his finger's ends

② 形容詞・副詞

形容詞・副詞で、その意味内容に段階的な程度が考えられ、very などの修飾語が付加できるものは、比較級・最上級の比較変化をとる。比較変化は -er, -est という屈折変化をとるものと、more, most で表すものがある。屈折比較変化をとるものには、1音節の語(dark, tall)、-er, -y, -ly で終わる 2 音節の語(clever, pretty, holy)がある。more, most を付ける場合は、-ful, -less, -able, -ous, -ent, -ing, -ive, -ure で終わる 2 音節の語、および 3 音節以上の語である。

　規則比較級・最上級の綴り上の注意点をあげておこう。
　a. -e で終わる語には、-r, -st だけを付ける。
　　　wide—wider—widest, wise—wiser—wisest
　b.「短母音字＋単子音字」で終わる語は、子音字を重ねる。
　　　red—redder—reddest, thin—thinner—thinnest
　c.「子音字＋y」で終わる語は、y を i にかえて-er, -est を付ける。
　　　pretty—prettier—prettiest

③ 動詞

動詞の語形変化には、原形・現在形(3 人称・単数)・過去形・過去分詞形・-ing 形(現在分詞)がある。変化形のうち現在分詞とほとんどの 3 人称・単数・現在は規則的である。

　a. 3 人称・単数・現在
　　-s(-es) を付けて作る規則的な 3 人称・単数・現在の音形は語幹の最後の音によって 3 種に分けられる。
　　　[s]: [s, ʃ, tʃ]以外の無声音のあと　keeps, stops
　　　[z]: 母音、および[z, ʒ, dʒ]以外の有声音のあと calls, loves
　　　[iz]: 有声・無声の歯擦音[s, z, ʃ, tʃ, ʒ, dʒ]のあと
　　　　　　teaches, washes
　b. 過去・過去分詞
　　1) 規則動詞の過去・過去分詞はともに-d(-ed)を付けて作るが、音形は動詞の語末の発音により決定される。
　　　　[t]: [t]以外の無声音のあと　　　asked, baked, liked
　　　　[d]: [d]以外の有声音のあと　　　arrived, begged, loved
　　　　[id]: [t]または[d]で終わるもの　admitted, wanted
　　2) 不規則動詞の活用は次のタイプに分けられる。
　　　　AAA 型：hit—hit—hit, shut—shut—shut
　　　　ABB 型：feel—felt—felt, sell—sold—sold

　　　　ABA 型：come—came—come, run—ran—run
　　　　AAB 型：beat—beat—beaten
　　　　ABC 型：fall—fell—fallen, give—gave—given

4. 語形成

　語形成(word formation)には、自由形態素に接辞を付加したり、単純語を組み合わせたり、品詞を転換したり、語の1部を省略したりするなどのいくつかの方法がとられる。

4.1. 派生語

　自由形態素に接辞を付加する派生は語形成の1つの方法であるが、生産力が非常に高い。派生によってより大きな語が作られることになるが、語幹の前に付加される接辞を接頭辞(prefix)、語幹の終わりに付加される接辞を接尾辞(suffix)という。接頭辞が付加されると、語の意味は変化するが、新しく生じた派生語の品詞は元の語の品詞と変わらないものが多い。一方、接尾辞は語の意味だけでなく品詞も変えるのがふつうである。音声的にみると、接頭辞は原則として発音を変えないのに対し、接尾辞は派生語のアクセントや発音に影響を与える。

4.1.1. 接頭辞

　接頭辞を意味によって分類しよう。
　① 否定を表す接頭辞
　　dis-：disappear, discount
　　in-(im-/ir-/il-)：infinite, impossible, irregular, illegal
　　non-：nonsmoking, nonstop　　un-：unexpected, unfair
　② 数を表す接頭辞
　　bi-：bicycle, bilingual　　　　mono-：monocycle, monotone
　　multi-：multi-sound, multimedia
　　tri-：triangle, triathlon　　　uni-：unicorn, uniform

③ 程度や大きさを表す接頭辞
　　micro-：microfilm, microphone　　mini-：mini-car, miniskirt
　　over-：overeat, oversleep
　　super-：superman, supermarket
　　under-：underestimate, undersized
④ 位置を表す接頭辞
　　fore-：forefinger, forehead　　inter-：international, internet
　　mid-：midair, midland　　sub-：subway, submarine
　　trans-：transatlantic, transform
⑤ 時や順序を表す接頭辞
　　ex-：ex-president, ex-husband　　fore-：forecast, foresee
　　mid-：midnight, midday
　　pre-：precaution, prepay, pre-school, pre-war, preview
　　post-：post-war, postgraduate　　re-：recover, recycle
⑥ 態度を表す接頭辞
　　anti-：anti-war, anti-American　　co-：co-author, coworker
　　pro-：pro-American, pro-democracy
⑦ 好ましくないものを表す接頭辞
　　mal-：malpractice, maltreat
　　mis-：misfortune, misunderstand
⑧ 品詞を変える接頭辞
　　a-：alive（動詞→形容詞）　　aloud（形容詞→副詞）
　　de-：defeat（名詞→動詞）
　　dis-：disable（形容詞→動詞）　　discourage（名詞→動詞）
　　en-：encourage（名詞→動詞）　　enrich（形容詞→動詞）
　　un-：unhair（名詞→動詞）

4.1.2. 接尾辞

　接尾辞を付加することにより、ほとんどの語は品詞が変わる。

① 名詞を作る接尾辞

-er：foreigner, worker　　　　-(e)ry：bravery, machinery
-hood：childhood, neighborhood　-ion：impression, protection
-ist：egoist, violinist　　　　-ity：oddity, reality
-ment：achievement, appointment -ness：brightness, cleverness
-ship：leadership, membership　-tion：composition, realization

② 形容詞を作る接尾辞

-able：readable, understandable -al：national, traditional
-ed：crooked, learned　　　　-ish：childish, foolish
-ful：cheerful, harmful　　　　-less：endless, stainless
-ly：lovely, weekly　　　　　-ous：vigorous, poisonous

③ 動詞を作る接尾辞

-en：darken, sharpen　　　　-(i)fy：classify, personify
-ize：hospitalize, realize

④ 副詞を作る接尾辞

-ly：hopefully, quickly　　　-ward：backward, homeward
-wise：likewise, otherwise

⑤ 品詞を変えない接尾辞

-arian：unitarian, sectarian　-eer：engineer, mountaineer
-ess：actress, waitress　　　-let：booklet, starlet

4.2. 複合語

　2つ以上の単純語を組み合わせて1つの単語にしたものを複合語 (compound word) という。派生に次いで語生産力が高い。複合語の意味は、それを構成する語の意味の和ではなく、独自の意味をもつことが多い。たとえば greenhouse は「緑色の家」ではなく、「温室」である。また音形はしばしば第1要素に強勢がくる、いわゆる「複合アクセント」と呼ばれる「第1アクセント＋第2アクセント」になるものが多い。表記法としては続けて1語にしたり (schoolboy)、間にハイフンを入れたり (school-boy)、2語のように分かち書きする (school boy) 方法がある。英語には

非常に多彩な複合語があり、品詞的にもいろいろな組み合わせがある。特に名詞・形容詞が多く、動詞その他はずっと少ない。

① 複合名詞

　　名詞＋名詞：air-mail, ice cream
　　形容詞＋名詞：blackboard, highway
　　動詞＋名詞：passport, playboy
　　副詞＋名詞：background, onlooker
　　名詞＋動詞：daybreak, sunshine

② 複合形容詞

　　形容詞(副詞)＋動詞：good-looking, hard-working
　　名詞＋形容詞：seasick, world-famous
　　動詞＋形容詞：freezing cold, scalding hot
　　形容詞＋形容詞：dark brown, light blue

③ 複合動詞：overflow, upgrade

4.3. その他の語形成

派生や複合以外の方法でも語形成が行われる。

4.3.1. 転換

接辞付加をしないで語の品詞を変えることを転換(conversion)という。屈折語尾の消失した英語には、この転換が多くみられ、名詞・形容詞から動詞への転換が特に多い。転換は語形が変わらずに文中での機能が変わることから、機能推移とも呼ばれる。これをゼロ接辞が付加されたと考えれば、派生の1種とみることもできる。

　　名詞→動詞：shop, paint　　　形容詞→動詞：clean, dry
　　動詞→名詞：smell, walk　　　形容詞→名詞：final, regular
　　動詞→形容詞：animate, live
　　その他：ifs and buts, a must(名詞), forward, out(動詞)

4.3.2. 逆形成

　語の1部を接尾辞と混同し、これをとり去って新語を形成することを、逆形成(back formation)という。つまり派生と逆のプロセスである。たとえば動詞editはeditorから逆形成されたものである。'act + -or→actor'から類推して、editorを'edit + -or'から派生されたものとし、この-orをとって'edit'を作った。

　　babysitter → baby-sit　　burglar → burgle
　　television → televise　　typewriter → typewrite

4.3.3. 短縮

　複数の音節からなる語の1部を省略することを、短縮(clipping)という。
　① 語の最初が残ったもの：
　　　advertisement → ad　　fanatic → fan　　photograph → photo
　② 語の最後が残ったもの：
　　　omnibus → bus　　taxicab → cab　　telephone → phone
　③ 語の真中が残ったもの：
　　　influenza → flu　　detective → tec
　　　refrigerator → fridge(BE)

学校関係の用語には特に短縮が多い。
　　coeducational student → co-ed　　examination → exam
　　gymnasium → gym　　laboratory → lab　　mathematics → math

4.3.4. 略語、頭文字語

　いくつかの語のイニシャルをとって1つの単語にした略語は、国際組織・社会団体・経済・宇宙・医学・医療・技術などのさまざまな分野でみられ、特に最近のアメリカ英語に多い。1字ずつアルファベットのまま読むものと、1つの語として発音する場合がある。この頭文字を1つの単語として読む場合を、特に頭文字語(acronym)という。

　① アルファベット読み
　　　EU(European Union)　欧州連合

BBC (British Broadcasting Corporation) 英国放送協会
NHK (Nihon Hoso Kyokai: Japan Broadcasting Corporation) 日本放送協会
PKO (Peace Keeping Operation) 平和維持活動
WWW (World Wide Web) インターネットで用いられる情報検索システム
NPO (Non Profit Organization) 非営利組織、民間非営利組織
IT (information technology) 情報技術

② 一語読み

APEC (Asia-Pacific Economic Cooperation Conference) アジア太平洋経済協力閣僚会議
NASA (National Aeronautics and Space Administration) 米国航空宇宙局
scuba (self-contained underwater breathing apparatus) 自給水中呼吸用具
LAN (local area network) 企業内［学内］情報通信網
AIDS (Acquired Immuno-Deficiency Syndrome) 後天性免疫不全症候群

4.3.5. 混成語

2つの語の1部を組み合わせて、1つの新しい語を作りだすことを、混成 (blending) という。こうしてできた語を混成語 (blend)、またカバン語 (portmanteau word) という。

 transfer + resistor → transistor
 escalate + elevator → escalator
 breakfast + lunch → brunch

4.3.6. 異分析

語または語群が、本来とは異なった仕方で分析されることを、異分析 (metanalysis) という。

① 語頭の n が関与するもの

たとえば apron はもともと napron であったが、a napron が an apron と分析され apron となった。ほかに nadder → adder や numpire → umpire の例もある。

② 語末の s が関与するもの

pea は元来複数形であったが、語末の s がないため、単数と考えられるようになった。また逆に measles は元来単数形であったが、語末に s があるため複数と考えられるようになった。

③ その他

ドイツの Hamburg に由来する hamburger が ham + burger と分析され、cheeseburger などの語が作られた。

4.3.7. 語根創造

既存の語や接辞をまったく含まない語形成を語根創造(root creation)という。これには自然の音を直接まねする擬音(onomatopoeia)と、音以外の動き・光・形などの印象を間接的にまねする象徴音(symbolic sound)が含まれる。擬音と象徴音をあわせて音象徴(sound symbolism)という。

① 擬音：bow-wow, cock-a-doodle-doo, oink, achoo, splash, sneeze

② 象徴音：flare, flash, glitter, glisten, hop, zigzag

4.3.8. その他の語形成

企業の製品名や人名などから語形成されることがある。

① 企業の製品名からとったもの

Pyrex, Walkman, Xerox

② 固有名詞からとったもの

sandwich(ゲームに夢中になり、パンの間に肉などをはさんで食べたという伯爵の名)

boycott(小作人から排斥されたアイルランドの地主の名)

lynch(アメリカの治安判事であった人の名)

第5章 統語論

統語論(syntax)は、どのような順序や関係で語を並べて文を作るのかという文のしくみを研究する。ここでいう文とは、単独の文のことであり、他の文やそれが使われる状況からは切り離されたものである。最近の理論では、いわゆる文法という用語は、統語論だけではなく、音韻論や意味論を含むさらに広い研究領域に使われている。したがって、統語論が扱うのは狭い意味での文法ということになる。

1. 文の分析

1786年にジョーンズは、インドの古典語のサンスクリット語とヨーロッパの諸言語がよく似ていることに着目し、これらが共通の起源から発生したという仮説を発表した。これは、言語事実を踏まえて仮説を組み立てるという点で、科学的手法をとりいれた歴史言語学の始まりといわれる。その後の文法理論は科学性を求めて、伝統文法(traditional grammar)、構造文法(structural grammar)、生成文法(generative grammar)の3つの大きな流れのなかで発達してきた。

1.1. 伝統文法

中世のヨーロッパでは、文法といえばラテン語文法のことをさし、それを手本にそれぞれの言語を規制しようとする時期があった。このような動きは英語にもみられ、これはのちに正しいことばはかくあるべし、と規範的に律していこうとする規範文法(prescriptive grammar)に受け継がれている。ところが正しいことばの使い方にこだわるあまり、実情にそぐわないことも多く、英語の実態を事実としてありのままに記述していこうとする記述文法(descriptive grammar)の考え方が台頭した。たとえば、文法的に適格な Whom did you see? だけでなく、広く使用されている Who did you see? のような文も研究の対象とするのである。

1.1.1. 規範文法

規範文法は、別名学校文法や教室文法といわれていることからも分かるように、英語の正しい使い方を教えるためのものであった。ここでは、学

校文法でよくとりあげられる5文型について考えてみよう。アニアンズ(C. T. Onions: 1873-1965)は、動詞(verb)の性質により、主語(subject: S)・目的語(object: O)・補語(complement: C)という機能的要素の配列で文の型を記述した。目的語は、さらに直接目的語(direct object: DO)と間接目的語(indirect object: IO)に分けられる。つまり5文型は、動詞とそれがとる要素の関係、すなわち述部(predicate)の型を示したものである。

(1) 第1文型： （完全自動詞）　Birds fly.
　　　　　　　　　　　　　　　S　　V

　　第2文型： （不完全自動詞）　I am fine.
　　　　　　　　　　　　　　　S V　C

　　第3文型： （完全他動詞）　She loves chocolates.
　　　　　　　　　　　　　　　S　　V　　　O

　　第4文型： （二重目的動詞）　He gave me flowers.
　　　　　　　　　　　　　　　S　V　IO　DO

　　第5文型： （不完全他動詞）　You make me happy.
　　　　　　　　　　　　　　　S　V　　O　　C

しかし、これだけですべての文型が示されたわけではない。たとえば、Mother is out. や I put it on the table. などでは、場所を表す副詞類(adverbial of place: A)がなければ意味を十分なさないのに、5文型では文の要素として認めていないことになる。このAをとりいれたSVAとSVOAを含む7文型などが、近年では提唱されている。

1.1.2. 記述文法

科学的な英文法のさきがけとなったのが、スウィート(H. Sweet: 1845-1912)である。スウィートは、英文法をラテン語の束縛から解放し、規範的な態度を排除することをめざした。言語形式と意味を区別し、その関係をできるだけ一般的法則として述べるのが文法の役割であると考え、事実の記述と説明に力を注いだ。

デンマークのイェスペルセン(O. Jespersen: 1860-1943)は、形式と意

味をつなぐ機能 (function) に注目した。従来のラテン語文法の流れをひく品詞論とは別に、機能面から3階級説 (theory of three ranks) を唱えた。語と語の従属関係とそれに伴う意味の特殊化に基づいて、もっとも中心的な機能をもつ語を1次語、1次語に従属する語を2次語、さらにそれに従属する語を3次語と呼んだ。このように機能を中心に考えていくと、従来の品詞の枠を越えた広い言語事象を捉えることができる。

(2) a. a school bus
       3   2   1
    b. a yellow bus
       3   2   1

たとえば、名詞 bus に対する (2a) の名詞 school の関係は、(2b) の形容詞 yellow と同じように2次語として統一的に扱うことができるのである。さらに1次語と2次語の関係を、ジャンクション (junction: 連接) とネクサス (nexus: 対結) の2種類に分けた。従来区別されていた修飾関係と主述関係は、語の並べ方は違っていても、基本的な語の従属関係は同じであることを明らかにした。

(3) ジャンクション　a furiously barking dog
                        3   2   1
    ネクサス　　　　the dog barks furiously
                     1   2   3

また the doctor's arrival のような場合に、潜在的な主述関係 (the doctor arrives) がみられるとし、これもネクサスとして扱った。このようにイェスペルセンは、3階級と文の機能的構成要素を組み合わせて、文の構造を記号化することで、あらゆる文に機械的に対応できる分析法を試みた。

1.1.3. 現代の伝統文法

現在も伝統文法の流れをくむ英文法家たちが活躍している。言語使用における機能に焦点を当てた機能文法 (functional grammar) や、現代英語

の日常会話などを中心に広範な言語資料を利用した研究からも成果が出されている。

　生成文法が人間に内在する言語能力の解明をめざす内的理論とすれば、これらの研究は実際の言語使用を中心においた外的理論と位置づけることができよう。

1.2. 構造文法

　構造言語学(structural linguistics)は、スイスのソシュール(F. de Saussure: 1857-1913)を中心にヨーロッパ各地で発達し、言語体系についての体系的学問をめざした。一方アメリカでは独自の発達をとげた。ここでは、狭義に用いられるアメリカ構造主義に基づく文法をとりあげてみよう。

　1925年は、アメリカ言語学会の機関誌が創刊されて、アメリカ構造言語学が本格的に始まった年といわれる。その研究の対象となるアメリカ先住民の諸言語は、従来のヨーロッパの言語とはまったく異なる体系で、しかも文字がないので、その研究はまず言語事実、すなわち音声の観察と記述から始める必要があった。また、従来の伝統文法的手法では1つ1つの事項の記述にとらわれすぎていたとして、体系的に言語を記述すること、つまり言語の構造の解明をめざした。その特徴は、物理主義・レベルの分離・帰納論という点にある。

　構造文法では、直接に観察そして検証できるものだけを分析するという物理主義(physicalism)をとった。これは、観察できる音声から始め、観察できない意味はあとまわしにするということになった。そして音韻論、形態論、統語論、意味論へと至る研究レベルの序列が作られた。部分と全体との有機的な関係を明らかにするため、各レベルで単位を作り、それをまとめてさらにより高次のレベルで新たな単位を作りあげていった。したがって構造文法では、おもに耳にしたり、目にしたりする形式の分布を中心に、単位の配置を記述したのである。また言語事実を観察し記述することから始め、一般的な原理を発見していくという、帰納的な論の進め方をとった。

1.2.1. IC 分析

　アメリカ構造言語学の祖といわれるブルームフィールド(L.Bloomfield: 1887-1949)は、公理化・仮説・検証といった実証科学の手法をとりいれ、具体的で物理的な言語形式の単位と配列を研究の対象とした。彼にとっての文法は配列であった。

　構造文法では、直接構成素分析(immediate constituent analysis: IC 分析)によって文の構造の分析をした。直接構成素とは、語や句や文などの構造を直接構成している要素のことである。

```
(4)    The | little | boy | kicked | the | ball | softly.
 ④
 ③         ‾‾‾‾‾‾‾‾           ‾‾‾‾‾‾‾‾
 ②    ‾‾‾‾‾‾‾‾‾‾‾‾‾‾     ‾‾‾‾‾‾‾‾‾‾‾‾‾‾‾‾
 ①    ‾‾‾‾‾‾‾‾‾‾‾‾‾‾‾‾‾‾‾‾‾‾‾‾‾‾‾‾‾‾‾‾‾‾‾‾
```

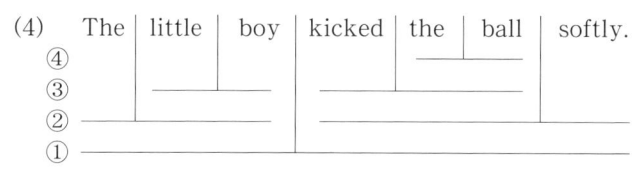

(4)の文はまず①のように、大きく the little boy と kicked the ball softly の2つの直接構成素から構成されている。さらに②のように、前者は the と little boy に、後者は kicked the ball と softly に分けられる。同様に次つぎと分析していき、④の語のレベルまで分析し、構造の記述をするのである。(さらに語の内部構造にまで立ち入って、softly を語 (soft) と接尾辞 (-ly) に分析することもできる。) このような分析結果は、次のような入れ子型で表記することもできる。

(5)

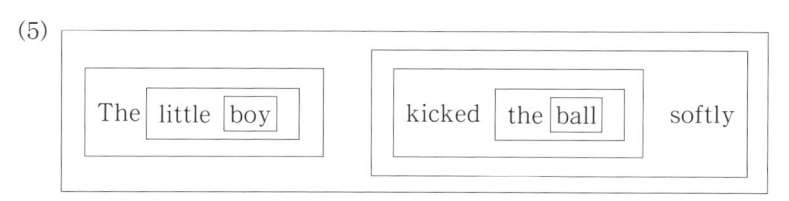

```
┌─────────────────────┐  ┌───────────────────────────────┐
│      ┌──────────┐   │  │          ┌──────────┐         │
│  The │ little │boy││  │  kicked  │  the │ball│  softly │
│      └──────────┘   │  │          └──────────┘         │
└─────────────────────┘  └───────────────────────────────┘
```

　直接構成素かどうかは、代入できるか、すなわち単一の単位に置き換えられるかどうかで判定する。たとえば、the little boy は he に置き換えられ、1つのまとまりをなす直接構成素である。次の例でも、単一の要素に置き換え可能な拡張されたもの (expansion) として、かなり複雑な構造をもつものも分析していけることが分かる。この意味で、伝統文法では意識されていなかった、要素間の有機的な関係を示す大きな型 (larger pattern)を捉えることができるのである。

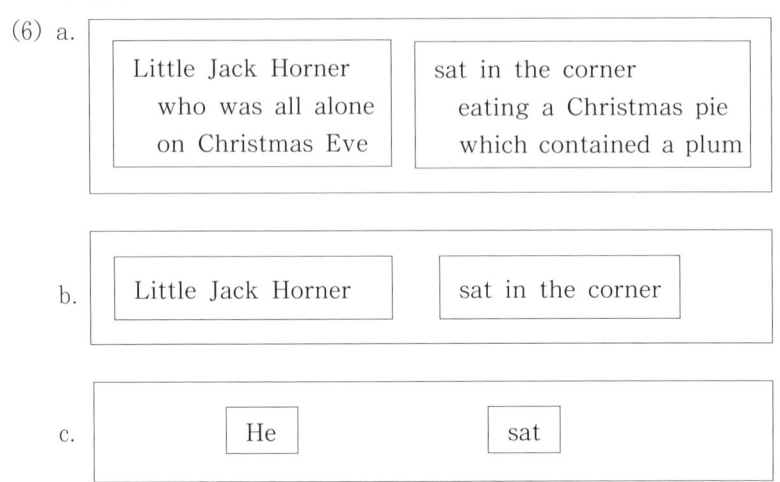

(6) a.
| Little Jack Horner who was all alone on Christmas Eve | sat in the corner eating a Christmas pie which contained a plum |

b.
| Little Jack Horner | sat in the corner |

c.
| He | sat |

しかしそれぞれの語の階層的なつながりは分かっても、それが文中で果たす役割などについては分からないので、IC分析に内心構造(endocentric construction)と外心構造(exocentric construction)という関係がとりいれられた。内心構造は主要語とほぼ同じ機能をもつまとまりをさし、外心構造は各構成素とは異なる機能を全体としてもつまとまりである。したがって内心構造は、置き換えが可能な、いわゆる修飾関係に相当することになる。たとえば、the little boy は内心構造であるが、これに前置詞がついた by the little boy は外心構造となる。また、He ran. のような「行為者・行為」構造も外心構造である。

1.2.2. 類語

フリーズ(C. C. Fries: 1887-1969)は伝統的な品詞にあきたらず、文中の語の位置を機能とし、それを基準に分類を行い、形式類(form class)を設定した。これは意味に頼らず、語の分布とそれが占める文中の位置によって決定していくものである。そのための枠組みテスト(pattern test)として、3種のテスト枠を設定した。3つになるのは、目的語と補語は分布上では違いがないためである。従来の名詞・動詞・形容詞・副詞などの

内容語(content word)に相当する4つの類語(class word)を便宜的に、第1類語を下線、第2類語は2重下線、第3類語は点線、第4類語は破線で表してみよう。

(7) Frame A: The <u>concert</u> <u><u>was</u></u> good (yesterday).
　　　　　　　　　　1　　　　2　　　3　　　　(4)

　　　Frame B: The <u>clerk</u> <u><u>remembered</u></u> the <u>tax</u> (suddenly).
　　　　　　　　　　　1　　　　　2　　　　　　　　1　　　(4)

　　　Frame C: The <u>team</u> <u><u>went</u></u> there.
　　　　　　　　　　　1　　　　2　　　4

このテスト枠で占める位置により、語の類が決定される。第1類語に分類される位置にくるものは、従来の名詞に相当するが、文法的関係に関係なく、Frame Bのように2ヶ所に現れうることになる。またそれぞれの類語の形態的特徴を調べる形態テスト(form test)を行って、さらに厳密化を図った。たとえば第1類語は、複数語尾 -s や所有格 's といった屈折接辞をもつか、-ment や -ness などの派生接辞をもつのか、などという点でテストするのである。

1.3. 生成文法

1950年代後半にアメリカのチョムスキー(N. Chomsky)は、構造文法に代わる革新的な言語理論を提唱した。これが変形生成文法(transformational generative grammar)、または簡単に変形文法、のちに生成文法といわれるものである。チョムスキーは、言語学を人間研究の科学の1つと位置づけて、人間が共通してもつ言語能力の解明をめざした。この節ではごく初期の理論を中心に、その基本的な考え方が従来の理論と比べてどれほど革新的であったかをみていこう。

次の3つの文を読んでみて、日本語を知っている人ならすぐ、まともなのは(8a)だけだと分かるだろう。

(8) a.　花子はテレビで映画を見た
　　 b.　*花子をテレビは映画を見た。
　　 c.　*花子でテレビを映画は見た。

チョムスキーは、このようなことが可能なのは、そのことばを母語とする人には、文法的な文と非文法的な文(非文と呼び、*を付けて示す)を直観的に区別できるような知識があるからだと説明する。しかも歩く能力と同じように、言語に関する能力を人間は生まれながらにもつと考え、次の3点の解明で言語の本質に迫ろうとした。

① 人間の言語知識とは何か
② 言語知識はどのように習得されるか
③ 言語知識はどのように使用されるか

変形生成文法は、文法的な文だけを生成する(generate)しくみである。この生成ということばからも分かるように、どのようにして文が生みだされるのかという、文へ至る原理と過程も研究の対象とする。これは、従来の目に見える形の文の研究だけではない、より抽象的な、そして立体的な言語のしくみの研究といえる。演繹法をとり、直接観察できる言語事実から出発するのではなく、ある仮説をたて、そこから1つ1つの事象を推論し、それに反する証拠が出たときには、それを包括できるような形に仮説を修正していく。したがってこの新しい理論は、より妥当で洗練された理論へと次つぎと脱皮を重ねている。変形生成文法では、物理主義に対して心理主義(mentalism)、帰納法に対して演繹法をとるという点で、まさに言語理論の流れを一変したのであった。

1.3.1. 変形

構造文法では構成素の分布が研究の対象であったが、変形生成文法では変形(transformation)という概念を導入し、表面に現れてこない文の内部構造すなわち深層構造(deep structure)を設定し、それが表層構造(surface structure)へ至る過程を明らかにしようとした。深層構造から具体的な表層構造を導くために行う記号の操作が、変形である。変形は、ある要素を削除・付加・移動・代入したりして、構造を別のものに変えるための規則である。つまり変形が、適用できる条件である構造記述(structural description: SD)と、変形の結果引き起こされる構造変化

(structural change: SC)によって規則化され、従来別個に扱われていた文と文との関係を明らかにした。たとえば、能動文を受動文に変える受動変形（passive transformation）を考えてみよう。受動変形は任意に適用される規則で、次のように略記される。

(9)　受動変形（任意）
　　　SD: NP　―　VP　―　NP
　　　　　 1　　　 2　　　 3
　　　SC:　3　　be+en 2　　by 1

受動変形は、[名詞句（Noun Phrase: NP）―動詞句（Verb Phrase: VP）―名詞句]の順に並んでいるものに適用される。その結果、名詞句の位置が入れ替わり、動詞句の形が変化し、最初に位置していた1の名詞句は前置詞とともに使われる。したがって、次の能動文と受動文は、受動変形が適用されなかったものと適用されたものとして、関係づけることができる。

(10) a. The little boy kicked the ball.
　　　　　　 1　　　　 2　　　 3
　　 b. The ball was kicked by the little boy.
　　　　　 3　　 be+en 2　　by　 1

(10)の the little boy は、いずれにおいても論理的主語すなわち行為者であり、(10a)の能動文においては文主語である。一方、(10b)の受動文の文主語は the ball である。このような従来の理論では表せなかった関係を、変形を導入することにより、能動文から受動文を派生させて（derive）、関係づけた。つまり同じ深層構造であっても、異なる変形操作をへると異なる表層構造が導かれるとするのである。

　逆に表層的に同じような構造をもつものでも、その深層構造が異なる場合があることも、変形により説明できるようになった。次の2つの文について、表層では明示されないまとまりを角括弧にいれて表してみると、異なる構造がみえてくる。

(11) John is easy to please.（ジョンは喜ばせやすい。）
　　　[someone pleases John] is easy
(12) John is eager to please.（ジョンは(ダレカヲ)喜ばせたがる。）
　　　John is eager [John pleases someone]

表層構造ではJohnはどちらも文主語の位置にあるが、角括弧のなかのJohnは、(11)ではpleaseの目的語、(12)ではpleaseの主語である。このような文法関係は、表層には反映されていないが、それぞれの深層構造においては異なっている。この場合、異なる深層構造から異なる変形操作をへて、結果的に同じようにみえる表層構造に至ったにすぎないと説明できるのである。

また、文の多義性を異なる深層構造の設定で説明できるようになった。(13)の文は、主部flying planesをめぐって2通りの解釈が可能である。それは、(14)の2通りの深層構造があるから異なると説明できる。

(13) Flying planes can be dangerous.
(14) a. [someone flies planes] can be dangerous（飛行機を飛ばすのは、危険なことがある。）
　　 b. [planes [planes are flying]] can be dangerous（飛んでいる飛行機は、危険なことがある。）

1.3.2. 句構造規則

動的に文構造を捉えることで、文の表面には現れてこなかったさまざまな事実が明らかになる。文を単なる記号の列というのではなく、より大きなまとまりをもつ句構造を表す記号列と考えることで、文の内部構造まで捉え、同時に句構造標識を付けて、句構造がどのような文法的範疇(grammatical category)に属するのかを明示した。つまり名詞句、動詞句などの統語的情報を文の構造に表示して、語と語の関係を明らかにした。この最初の段階で、文を範疇をもつ句、さらに語へと書き換えていくしくみが、基底部門の句構造規則(phrase structure rules)である。

(15) Mary loved the little lamb.

(15)の文を構成素(constituent)と呼ばれるまとまりに分解してみよう。まず Mary と loved the little lamb に分けられる。これは、それぞれ名詞と動詞という範疇をもった句である。さらに動詞句は、動詞 loved と名詞句 the little lamb からできている。ここで使われている2つの名詞句は、決定詞(Determiner: Det)や形容詞(Adjective: Adj)の有無という違いはあるが、これを任意に現れる要素として括弧にいれて考えると、統一的な扱いができる。簡単に規則として定式化してみよう。

(16) S→NP VP
　　　文を「名詞句・動詞句」に書き換え
　NP→ (Det) (Adj) N
　　　名詞句を「任意の決定詞・任意の形容詞・名詞」に書き換え
　VP→V (NP)
　　　動詞句を「動詞・任意の名詞句」に書き換え
　Det, Adj, N, V→Δ
　　　それぞれに語彙項目を挿入

これは変形生成文法の基本的な句構造規則の例である。これによると、文はまず名詞句と動詞句という句構造に大きく分けられ、さらにその句構造もそれぞれの構成素に分けられる。書き換え規則では、矢印の左側の記号を右側の記号(列)に書き換えて、各構成素の統語範疇の種類と順序が指定される。書き換えは句構造ごとに行われ、(15)の the little lamb のように、矢印の右側にあった構成素が左側に繰り返し現れ、さらに小さい構成素に書き換えられる。つまり限られた規則であらゆる文の構造を記述できることになる。このように、ある文が範疇を示す記号の列に書き換えられ、最後の代役記号Δにそれぞれ実際の語が当てはめられることになる。語彙目録(lexicon)から構造表記にふさわしい語彙が挿入されて、深層構造が作られる。その結果が、構造文法のIC分析に句構造標識を付けたような標示付き括弧(labelled bracket)であり、(15)は次のように表記される。

(17) [s[NP[N Mary]][VP[V loved][NP[Det the][Adj little][N lamb]]]]

これを立体的に表示すると、次のような樹形図あるいは枝分かれ図(tree

diagram)になる。枝分かれする場所、すなわち節点(node)には、範疇が表記される。このように語順・階層的構造・統語範疇が明示される。

(18)
```
            S
           / \
         NP   VP
         |   / \
         N  V   NP
         |  |  /|\
         △  △ Det Adj N
               |  |  |
               △  △  △
        Mary loved the little lamb
```

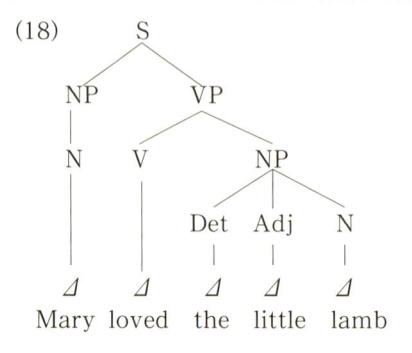

初期の変形文法では、文法的な文を作りだすために、基本的な語の配列を決める基底部門、基本的な配列から文を派生させる変形部門、深層構造に基づいて意味解釈を決定する意味部門、表層構造に基づいて音形を決定する音韻部門を設定している。各節点ごとに基底部門の句構造規則が順次展開されて語彙項目が挿入されたものが深層構造であり、その深層構造に変形規則が適用され、表層構造が導かれる。各部門とその構造表示は次のように関係づけられる。

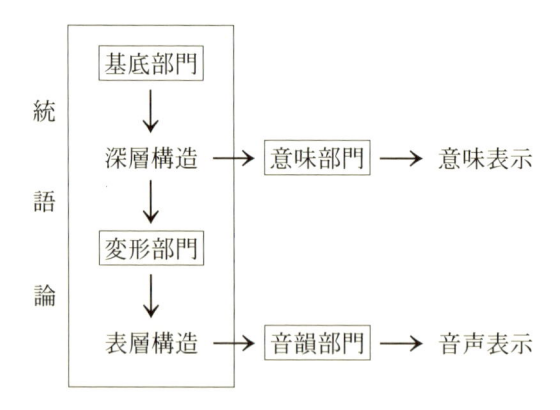

```
        ┌─────────────────────────┐
        │  │基底部門│              │
        │     ↓                   │
   統   │  深層構造 → │意味部門│ → 意味表示
   語   │     ↓                   │
   論   │  │変形部門│              │
        │     ↓                   │
        │  表層構造 → │音韻部門│ → 音声表示
        └─────────────────────────┘
```

ところで(16)でみたような句構造規則は、任意に現れうる要素を括弧にいれることで、さまざまな可能性を考慮した、より一般性をもった句構造規則に洗練させていくことができる。一般性を高めていくことで、従来

のような文型を考える必要はなくなり、さらに表層の文には現れない語の文法関係をも明示できる。深層構造を設定するということは、直接観察できないものを考察の対象とする点で、従来の構造文法とは決定的に異なることになる。

1.3.3. 繰り返し

生成文法では、有限の規則から無限の文を作りだすことができると考える。このような創造性を可能にしたのは、規則すなわち句構造規則と変形が繰り返し使えるためである。たとえば文に別の文が埋め込まれることもある。ある文にさらに埋め込まれる文を補文(complement)と呼ぶが、主文を S_1 とすると、これに埋め込まれた順に S_2, S_3 のように指数を付けていく。句構造規則の最初にでてくる初期記号の S が繰り返し現れうると考えるのである。たとえば、マザーグースの1節を分析すると、次のような構造をもつ。

(19) [$_{S_1}$ This is the dog [$_{S_2}$ that worried the cat [$_{S_3}$ that killed the rat [$_{S_4}$ that ate the malt [$_{S_5}$ that lay in the house [$_{S_6}$ that Jack built]]]]]]

1.3.4. 意味と変形

生成文法では当初、意味解釈は深層構造にのみ基づいて決定され、変形は意味を変えない自律的なものと考えられていた。しかし深層構造以外で意味が決定される例が指摘され、意味を変える変形もあることを認めざるをえなくなり、すべての意味解釈は表層構造をもとにして行うように修正された。これが解釈意味論(interpretive semantics)であり、構造変化前の痕跡(trace: t)を残してその情報を表層構造まで持ち越すことで解決しようとした。その際、意味解釈が表層にまで持ち越されるという点で、従来の表層構造よりも抽象的な S 構造(S(urface)-structure)、そして D 構造(D(eep)-structure)が設定されるのである。たとえば次の例文の Mary は、もともとは D 構造(20a)のような埋め込まれた補文の主語の位置にあったものが、(20b)では主文の主語の位置に繰り上がり(raising)、最終的

な文としてのS構造ができると考えられる。

(20) Mary seems to be happy.
　　a. [NP e] seem　[S [NP Mary] to be happy]

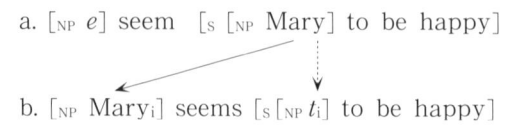

　　b. [NP Mary$_i$] seems [S [NP t_i] to be happy]

(20b)では、もともとMaryがあった場所には痕跡 t を残し、これに繰り上がったMaryと同じ指数 i を付け加え、その関係を示している。つまりMaryがもっていた移動前の情報、埋め込まれた補文の主語であることなどを、S構造まで持ち越すことができる。こうすることで変形は、意味から独立して、D構造をS構造に関連づける自律的体系であることが保証されるのである。なお移動前の(20a)の段階では、のちにMaryが移動する位置にはまだ何もないので、空範疇(empty category: e)として扱われる。

このように変形の意義はしだいに薄れていき、「変形」をはずして、単に生成文法と呼ばれるようになった。

2. 意味と構造

表層で意味解釈が行われるという解釈意味論とは反対の方向で、より深い所で意味、特に動詞と名詞の関係を中心とした意味概念を統語論にとりこもうとする動きがあった。そのなかで意味を統語構造の基底にとりこもうとした格文法(case grammar)や生成意味論(generative semantics)が提唱された。一方、語彙項目の意味を体系的に表そうとする項構造(argument structure)や語彙概念構造(lexical conceptual structure)など、語彙部門の研究も進められている。

2.1. 意味役割

動詞に対して名詞句がもっている意味関係がさまざまであることに注目したのが、フィルモア(C. J. Fillmore)の格文法である。次の例を統語範疇と文法関係の2点からみてみよう。

(21) Cats　　　eat　　　fish.（ネコはサカナを食べる。）
　　　名詞句 + 動詞 + 名詞句：統語範疇
　　　主語　 + 述語 + 目的語：文法関係

この文の2つの名詞句は、文法関係は異なっているうえに、cats は食べる主体、fish は食べられる対象と、動詞 eat をめぐって果たす意味関係が異なっている。格文法では、このような動詞と名詞句との意味関係を格 (case) と呼び、統語構造のなかで直接表そうとした。これは、格関係を統語構造に含めるという点で、より深い深層構造をめざしたものといえよう。具体的には動詞がどのような格をとるのかを、格枠 (case frame) で示した。たとえば動詞 open は、開ける動作を引き起こす動作主格 (Agentive: A)、開けることで影響を受ける対象格 (Objective: O)、開く原因となる具格 (Instrumental: I) という3種の名詞句との関係で表されることになる。格枠内での動詞を＿で表記すると、それぞれ次のようになる。

(22) a. The door opened.　　　　　　　　[＿O]
　　 b. John opened the door.　　　　　　 [＿O + A]
　　 c. The wind opened the door.　　　　 [＿O + I]
　　 d. John opened the door with a key. [＿O + I + A]
(23)　open +[＿O(I)(A)]

対象格だけが必ず現れる義務的要素となり、その他の格を括弧に入れて表記すると、open の格枠は(23)のような格素性でまとめることができる。したがって動詞 open は、動作主格や具格が現れると他動詞、対象格だけの場合は自動詞となる。また主語には動作主格、具格、対象格の順で、優先的に選択されるという階層性もみられる。

　格文法の格という考え方は、のちに生成文法の PP 理論 (principles and parameters theory) の意味役割 (semantic role) に受け継がれていった。これは、動作の対象となるものを主題 (Theme) と呼ぶのにちなんで主題役割 (thematic role)、あるいは θ 役割 (theta role) ともいわれ、文の適格性を決める要因ともなっている。動詞の意味に基づいた主題役割は、

文の基本的構造を決める語彙項目のなかに含まれ、D 構造で付与される。つまり統語構造の基底で意味を表示しようとした格文法とは異なる形で、位置関係を中心にした意味論的概念を、動詞の語彙項目のなかにとりいれようとしたのである。それぞれのおもなものをみてみよう。

格	主題役割	
Objective（目的格）	Theme（主題）	Ann put keys on the shelf.
Agentive（動作主格）	Agent（動作主）	Ann put keys on the shelf.
Locative（所格）	Location（場所）	Ann put keys on the shelf.
Source（源泉格）	Source（起点）	Bob bought hats from Tom.
Goal（目標格）	Goal（着点）	Tom sold hats to Bob.
Experiencer（経験者格）	Experiencer（経験主）	Jane feels sad.

(24) a. He explained the theory to his students.
　　 b. Betty is a doctor.

主題役割で中心となる主題は、運動を表す動詞とともに使われたときには動作の対象となり、動きや変化を受けるものを表す。これは、物理的なものだけでなく、(24a)のような抽象的な概念にも使われる。(24b)のような位置や状態を表す動詞の場合には、所在や性質についての叙述を受けるものが主題となる。またそのような動きや状態へのきっかけを引き起こすものが動作主となる。つまり、文主語のもつ主題役割はさまざまであり、さらに格文法でみたのと同様に、主語を選択する際に生じる主題役割の階層性が捉えられる。また反義語の buy と sell では、ものの動きからみれば起点と着点は変わらないということが明らかになる。

2.2. 動詞の意味成分

　生成意味論では、文の意味情報はすべて文の統語構造を表す最初の段階で表されると考えた。つまり深層構造よりもっと深い論理構造となる意味

表示から、変形により表層構造へ導かれると考えた。その結果、意味論と統語論が一体化し、特別な意味解釈は不要となる一方で、表層構造へ導くためには変形が必須となった。

生成意味論では、述語(predicate: Pred)はある意味の単位、抽象的な意味成分(semantic component)の組み合わせであると考える。

(25) a. John killed Harry.
　　 b. John caused Harry to die.
　　 c. John caused Harry to become dead.
　　 d. John caused Harry to become to be not alive.

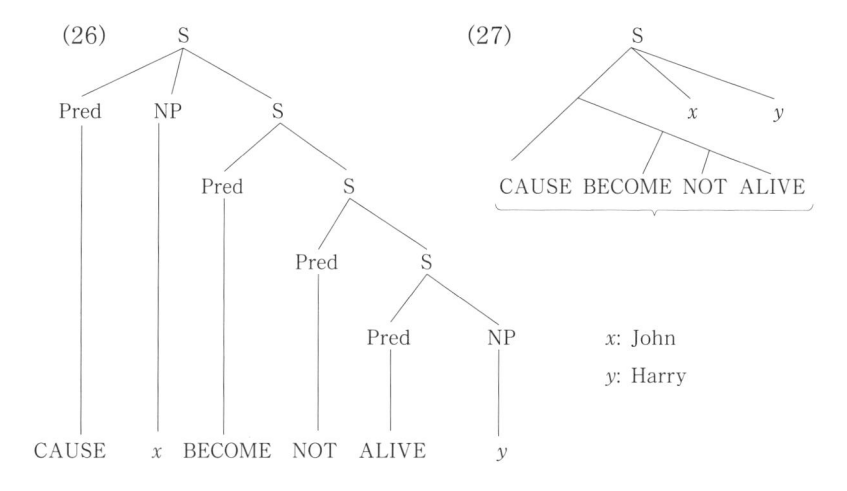

(26) 　　　　S
　　　／／｜＼＼
　　Pred　NP　　S
　　　　　　／｜＼
　　　　　Pred　　S
　　　　　　　／｜＼
　　　　　Pred　　S
　　　　　　　／＼
　　　　　Pred　NP
CAUSE　x　BECOME　NOT　ALIVE　y

(27) 　　　　S
　　　／／｜＼＼
　　　　　　　x　y
　CAUSE BECOME NOT ALIVE

x: John
y: Harry

kill(殺す)は、「(生き物を)生きていない状態になるようにさせる」ことであり、その意味単位には状態・起動・使役の意味が含まれている。したがって(25)の例では、述語がいずれも共通する意味単位をもち、(26)のような同じ基底となる構造をもつことになる。(この共通する意味単位は大文字で表記し、実際の語彙と区別する。) どの段階で実際に語彙が挿入されるかで、表層では異なる文が作られることになる。意味単位に分解されたものがそのまま表層に持ち越されると(25d)となる。一方(25a)では、もっとも深く埋め込まれたＳの述部を、述部繰り上げ変形で順次繰り上げていった結果、(27)のようなCAUSE-BECOME-NOT-ALIVEにたど

りつき、そこで実際の語彙 kill が挿入される。大まかにいえば、その途中の NOT-ALIVE で dead が挿入されれば(25c)となり、また BECOME-NOT-ALIVE なら die が挿入されて(25b)となる。

　このように語のなかに含まれる意味を成分に分解していく方法は、同義性、自動詞と他動詞の関係、状態・起動・使役を表す動詞の意味の階層性を明らかにすることができるなど、かなりの成果をあげた。

2.3.　主題役割と意味成分

　語彙目録の語彙記載項には、それぞれの語彙項目に特異な、音韻的・統語的・意味的情報が含まれている。語彙目録を辞書とするならば、語彙記載項は辞書に記載された各語の内容であると考えられる。生成文法の語彙部門で語彙を決定する特徴と考えられるおもな統語的情報を、murder（人殺しをする）を例にみてみよう。

(28) murder　　i)　[+V, −N]　　　　範疇素性
　　　　　　　ii)　[Human＿＿Human]　選択素性
　　　　　　　iii)　(Agent, Theme)　　項構造

範疇素性は、語が固有にもっている統語範疇をさらに細かい素性に分解したものである。N(Nominal: 名詞的)とV(Verbal: 動詞的)という2種の範疇素性(categorical feature)との組み合わせで表すので、従来の統語範疇である名詞N・動詞V・形容詞A・前置詞Pの間の範疇を越えた一般化が可能となる。選択素性(selectional feature)は、語と語の結びつきに関する情報である。murder の場合、主語と目的語は共に＜人間＞という選択素性をもつ。これは従来は選択制限として、語の結びつきについて非文法的なものを排除する働きをしていた。項構造では、動詞が必要とする項(argument)の数と、その項が担う主題役割が指定される。たとえば murder は、＜動作主＞という主題役割をもつ名詞句と＜主題＞という主題役割をもつ名詞句という2つの項をとる動詞で、主題は殺害の対象となるものである。

(29) Brutus murdered Caesar.
　　　動作主　　　　　　主題
　　　[s [NP Brutus][VP [V murdered] [NP Caesar]]]

　この場合の主題項は、動詞の直接目的語であり、動詞句内にあるため内項と呼ばれる。動作主項は、動詞句の外の主語の位置にあるので外項と呼ばれ、内項と区別するために項構造では下線を引いて示す。

　しかしながら項構造だけでは、それぞれの主題役割の果たす役割は十分には分からない。そこで語彙概念構造として動詞の意味の構造の体系化が図られた。語彙概念構造では、統語論の品詞に対応する概念として、Thing(もの)・Event(出来事)・State(状態)・Action(行為)・Place(場所)・Path(経路)などの概念範疇(conceptual category)をたてる。また基本的な意味成分を意味関数と呼び、CAUSE(使役)・BECOMEまたはGO(変化)・BE(状態)・FROM(起点)・TO(着点)のように大文字表記する。つまり語の概念構造を関数と項からなる構造として形式化していこうとした。たとえば生成意味論の(27)で扱ったkillは、(30)のような概念構造をもつと考えられる。意味関数としてCAUSE・GO・BE、変項として[ ]x・[ ]y、さらに特定の意味概念が指定された定項[NOT ALIVE]をもつ。

(30) kill: [ ]x CAUSE [GO[[ ]y BE AT-[NOT ALIVE]]]

　概念構造を考えると、従来の意味役割は、概念構造上の配列によって表される関係概念として捉え直すことができる。動詞がとる句の意味役割は、基本的な意味関数に基づいて、その位置関係で規定される。

(31) 動作主(Agent)：(Z CAUSE...)における第1項Z
　　　主題(Theme)：(X BE Y)または(X GO Y)における第1項X
　　　場所(Location)：(X BE Y)における第2項Y
　　　経路(Path)：(X GO Y)における第2項Y
　　　⎰起点(Source)：(X GO Y)における第2項Y(特にFROM Y)
　　　⎱着点(Goal)：(X GO Y)における第2項Y(特にTO Y)

すでに述べた主語の選択の順番もこれから説明できる。たとえば出来事の動作主は、CAUSE関数の第1項であると関係づけられ、動作主があれば必ずそれが主語として選ばれるのである。

概念意味論では、このような概念の表面的な複雑さの裏にかなり抽象的でかつ形式的な体系があることを明らかにする。次の各文のGO関数の第1項である主題に下線、その第2項の経路で特にFROM関数の起点に二重下線、TO関数の着点に点線を引いてみよう。

(32) a. The bird went from the ground to the tree. （空間）
b. The money went to Philip. （所有）
c. The light went/changed from green to red. （属性）
d. The meeting was changed from Tuesday to Monday. （時間）

(32)の4つの文は、Eventの基本関数GO、そしてPathの基本関数FROMとTOが異なった意味の場(semantic field)に使われているが、その共通性は(33)のように捉えることができる。(32b)のFROM関数は空の項であるが、概念構造での項の位置を占めていると考える。

(33) [$_{Event}$ GO([$_{Thing}$]), [$_{Path}$ $\begin{matrix} \text{FROM}([_{Place}\ ]) \\ \text{TO}([_{Place}\ ]) \end{matrix}$])]

同様の概念構造は、移動動詞runにもみられる。

(34) run: [$_{Event}$ GO([$_{Thing}$]$_i$, [$_{Path}$]$_j$)]

このような概念構造を構成する概念構成素は、文を構成する意味内容をもった句構造素に対応しているので、文全体の概念構造は、文を構成している構成素の語彙概念構造の総和であると考えられる。(35a)の統語構造である(35b)に対応する文概念構造は(35c)となる。

(35) a. John ran into the room.
b. [$_S$ [$_{NP}$ John][$_{VP}$ ran [$_{PP}$ into [$_{NP}$ the room]]]]
c. [$_{Event}$ GO([$_{Thing}$ JOHN], [$_{Path}$ TO([$_{Place}$ IN([$_{Thing}$ ROOM])])])]

統語構造の文全体は、概念構造では出来事(Event)全体に対応する。(34)

の概念構造 run と比較すると、それぞれの変項に意義素、つまり GO 関数の第 1 項 Thing に JOHN、GO 関数の第 2 項 Path に TO が代入され、同じように TO 関数の項にも意義素が代入されている。

生成文法が対象とする言語は、実際の言語現象として現れる外的言語ではなく、人間の脳のうちにある内在言語である。同様に概念意味論では、対象とする意味は人間の脳のうちにある内在概念であるとし、その創造性と習得可能性の説明を試みようとしている。いわば生成意味論の手法を語彙項目にとりいれる形で現代的によみがえらせている。

3. 普遍文法をめざして

生成文法の発達の歴史は、個別文法から普遍文法(universal grammar: UG)へ、そしてより一般性の高いことばの原則の発見の旅でもある。

3.1. 言語習得

チョムスキーは、子供が限られた言語経験から限りない文を作りだすことができ、また大人ならおよそしないような間違いをすることに注目した。子供の言語習得には、単なる刺激に対する反応というような即物的な側面だけではなく、その奥になんらかの法則性があるのではないかと考え、生得説(innate theory)を唱えた。つまり人間は、生まれながらにして言語の能力をもっていて、それを演繹的に発展・活性化させていくと考える。ここでいう生得的な言語能力とは、特定の言語に限定されたものというよりは、ことばのしくみや規則性といった言語全般に関する知識である。この普遍文法の知識に、特定の言語に関する知識が加わって、生まれ育つ環境のなかで特定の言語に特殊化されていくとする。

3.2. 普遍文法

初期の生成文法は、個別文法おもに英文法を対象にしていたが、1975年頃からは、普遍文法へとその研究の重点が移行していった。初期の論の根幹をなしていた変形と句構造規則が、理論の一般性が高まるなか、α 移動(move α) と X バー理論(X-bar theory)へと集約されていった点を中

心に概観しよう。つまり、個別文法の文法の規則から、普遍文法における原理と制約を探求するPP理論へと推移したのである。たとえば語順は、統語構造の骨格を規定する普遍的な構造に関する原理(principle)と、それに付随して各言語がもつパラメータ(parameter: 媒介変数)によって決められる。したがって英語の文法は、普遍文法の原理と英語のパラメータの値により表出された核(core)の部分と、英語特有の規則・条件を含む周辺部(periphery)から成る個別文法である。

3.2.1. α 移動

初期の変形理論では、Mary loved the little lamb.のような肯定能動平叙文しか生成できなかったので、他の種類の文を派生するために、変形という、要素を削除・代入・付加・置換する規則が必要となった。その後、変形の役割をできるだけ縮小して意味解釈に任せようという傾向になった。従来の変形が、各言語の文法全体を記述する個別的規則であったのに対し、文法の核となる部分だけを対象とすることで、普遍的な性格を帯びるものとなった。その結果、変形はα移動1つに還元されてしまうのである。このα移動では、任意の範疇αの移動を、一般原則と変形部門以外の諸規則との相互作用によって説明する。任意の範疇を動かす規則があるのは言語の一般的特性であるが、何をどこに動かすかについては言語によって異なる、と考えるのである。そのためα移動はもはや規則というよりは、原理の1つとして扱われるようになった。

たとえばwh移動について考えてみよう。wh句を含んだ疑問文では、wh句が文頭にくる。(36)では、それぞれの元の位置、すなわち痕跡tが残っているところから文頭に移動している。

(36) a. What$_i$ will you eat t_i?

b. Who$_i$ t_i broke the window?

c. Where$_i$ did you buy these flowers t_i?

また受動文は、能動文と異なるD構造から作られると考えると、そこからNP移動で、たとえば次のようなS構造へと至ることとなる。

(37) The ball$_i$ was kicked t_i by the little boy.

このように(36)(37)の移動変形は、ともにα移動として一般化される。

3.2.2. Xバー理論

ここで名詞句・動詞句・形容詞句・前置詞句の句構造の標示付き括弧と、その樹形図をいくつかみてみよう。

(38) a. [$_{NP}$ the [$_{NP}$ [$_N$ students] of linguistics]]
　　　b. [$_{VP}$ nearly [$_{VP}$ [$_V$ break] the glass]]
　　　c. [$_{AP}$ much [$_{AP}$ [$_A$ tired] with math]]
　　　d. [$_{PP}$ straight [$_{PP}$ [$_P$ to] the station]]

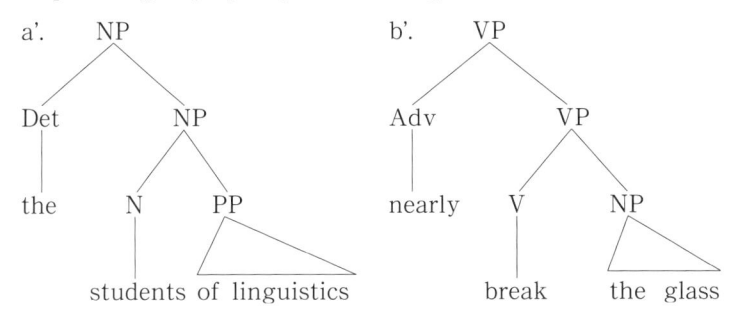

```
a'.        NP                      b'.        VP
          /  \                              /    \
        Det   NP                          Adv    VP
         |   /  \                          |    /  \
        the N    PP                      nearly V   NP
            |    /\                             |   /\
      students of linguistics              break  the glass
```

これらの句構造は、それぞれ表す範疇こそ違うが、ある語を核にして、より大きなまとまりを作っていき、全体としては核となる語の範疇を受け継いだものとなっている。このような範疇を超えて共通に観察される内部構造の階層性を、範疇にとらわれないXという任意の要素を使って一般化を試みたのが、Xバー理論である。Xバーのバー（ ̄）の数、あるいはその代わりのプライム（'）の数により、階層のレベルを表示する。このような内部構造の構成素を機能の面からみると、指定部・主要部・補部と同じ順番に現れ、次のように一般化される。

(39) [XP 指定部 [X' [X 主要部] 補部] (付加部)]

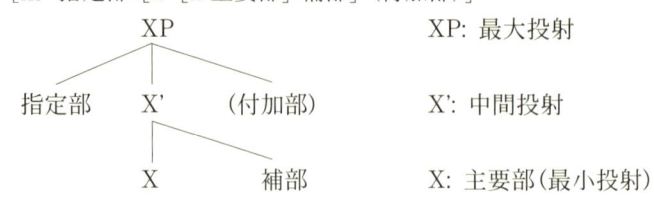

```
           XP                    XP: 最大投射
         ／＼
      指定部  X'   (付加部)        X': 中間投射
           ／＼
          X   補部                X: 主要部(最小投射)
```

構成素間のまとまり方は、主要部(head)を核にまず補部(complement)とまとまって、主要部と同じ範疇をもった中間投射 X' をなす。さらにこの X' に指定部(specifier)や時には付加部(adjunct)が付いてまとまり、最大投射 XP となる。投射(projection)とは、各語彙項目の意味や文法関係に基づいて、小さな単位から大きな単位へ併合して(merge)いくまとまりのことである。指定部は主要部に一定の限定を加える働きをする修飾要素である。また、主要部に θ 付与されて必要な要素である補部に比べると、付加部は主要部との結びつきは弱い。

　同じ範疇に支配されている要素の関係を統率(government)というが、階層をなす構造の各構成要素の関係について考えてみよう。樹形図の枝の分かれ目である節点は、その枝分かれの傘下にある要素を支配している(dominate)。特に節点の直下で直接支配されている要素は、親子関係にたとえて娘(daughter)という。その同じ節点に対して娘の関係にある要素同士は、姉妹関係にある。またある要素は、すぐ上の節点で直接支配された姉妹と、さらにそれに支配される要素を、構成素統御(constituent-command: c 統御)する。これを(39)に当てはめてみると、もっとも基本的な関係は主要部と補部の姉妹関係であり、さらにそのc統御関係である。これは、c統御により1つの領域を形成するので、ある要素をとりだすのを妨げる障壁(barrier)や、θ 付与とも関係する。また主要部と付加部、主要部と指定部は、姉妹関係にない。指定部は、最大投射に直接支配され、中間投射と姉妹関係にある。このような関係概念を導入することで、句構造の内部構造が明らかになる。たとえば(38a)にさらに付加部が付いた例(40)をみてみよう。

(40) [NP the [N' [N students] of linguistics] with long hair]

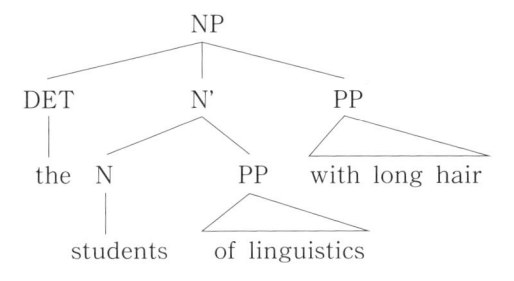

```
              NP
      ┌────────┼────────┐
     DET       N'        PP
      │     ┌──┴──┐     ╱─╲
     the    N     PP   with long hair
            │    ╱──╲
         students of linguistics
```

これからも分かるように、主要部 students とその補部 of linguistics の姉妹関係を無視して、(41b)のように付加部 with long hair と 補部 of linguistics を入れ替えて、語順を変えることはできない。

(41) a. the students of linguistics with long hair
　　 b. *the students with long hair of linguistics

X バー理論では、句の上位単位である補文や文も同様に扱うことができる。S も X バー理論では、時制・数・人称に関する要素である定動詞性 I (inflection: 屈折)を主要部、VP を補部、主語の NP を指定部とする最大投射 IP として捉えることができる。さらに IP を補部にとる補文標識 C(complementizer: COMP)を主要部とする補文構造も扱えることになり、複雑な構文にも対応することができる。N, V, A, P のような語彙範疇だけでなく、C, I, D などの非語彙範疇もまた X バー理論で扱われるのである。このように X バー理論を採用することで、従来の句構造規則は収束し(converge)、範疇を越えた句の構成の規則性とその階層性も捉えられ、一般性をさらに高めることができるのである。

　英語の句の構成は次のような特徴をもつと考えられる。主要部が補部より先に現れる主要部先端型(SVO 言語)であり、補部は2つまで現れうるが、その種類は文中に現れる順に NP, PP, S の3種となる。主題役割としては、動作主・経験者・主題などが NP、場所・起点・着点などは PP、命題は S として文法範疇化される。

　このように句構造規則が果たすと考えられたさまざまな働きは、分解さ

れて、いくつかの原理原則が連鎖して行われると考えられるようになった。1つ1つは単純なものでも、その連携プレーで複雑な働きをするモジュール(module)の組み合わせで、文法が構成されるとする。このようなモジュール構造は、広く人間の精神や知識体系のなかにもあり、その1つが言語機能(language faculty)であると考えられる。チョムスキーによれば、言語機能は文法に関する知識であり、これは概念体系や語用論的知識などの言語に関する知識と区別される。この区別は、従来の言語能力と言語運用の区別とも対応するようであるが、核文法による一般化のため、ここでいう言語機能は、従来の言語能力よりもかなり狭い意味で使われている。

4. ミニマリスト・プログラム

1990年代に入ってから、PP理論をさらに先鋭化したミニマリスト・プログラム(minimalist program: 極小主義)が提唱され始めた。ミニマリスト・プログラムでは、人間の言語器官がもつと考えられる生物学的条件と、単純性や経済性などといった概念上自然と考えられる条件から、普遍文法の解明をめざしている。その特徴的な考え方を簡単にみてみよう。

ミニマリスト・プログラムでは経済性の条件から、言語の規則・派生・表示のレベルは最小限にしなければならないと考える。したがって従来の規則、D構造やS構造の表示レベルなどが放棄され、最終的には辞書と計算処理システム(computational system)ということになる。

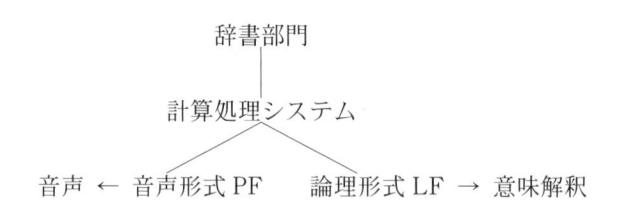

```
                    辞書部門
                  計算処理システム
                  ╱         ╲
    音声 ← 音声形式 PF     論理形式 LF → 意味解釈
```

各語彙項目がもつ素性(feature)の集合体である辞書部門からの音韻情報・統語情報・意味情報をもとにして、計算処理システムが2つの言語表示レベルを派生する。すなわち音声形式(Phonetic Form: PF)と論理形式(Logical Form: LF)であり、言語のもつ「音」と「意味」の2面性に

対応したものである。線形順序つまり語順は音声形式、支配関係については論理形式で規定されることになる。

音声形式は、音声そのものというよりは文がどのように発音されるかということに関し、発音・聴音のレベルへの入力となって、音声と文法を結ぶインターフェイス(境界領域)として働く。論理形式では、意味そのものというよりは文の意味がどのように解釈されるかについて、認識・意味のレベルへの入力となって、意味と文法を結ぶインターフェイスとして働く。つまりことばを感覚器官や運動器官などを通じて知覚し、それに適切な解釈を与えるのは、インターフェイスにおいてのみであるということになる。

このような言語の調音・知覚(articulatory-perceptual: AP)と概念・意図(conceptual-intentional: CI)のインターフェイスで、言語運用システムへ指示を与える音声形式と論理形式の組み合わせを生成するしくみ、すなわち計算処理システムを研究するのが、ミニマリスト・プログラムの目的の1つである。この組み合わせは、それぞれの語彙がもつ音声と意味を辞書より選択したもので、でたらめなものではなく、2つの条件が課せられる。つまり派生と表示の2つのレベルにおける経済性の原理(economy principle)に基づくものである。

派生の経済性は、統語表示は他の条件が同じなら、できる限り最少の構成素や統語派生をもち、できる限り最少の文法操作で行われなければならないという要請である。さらに文法操作に関して、ある文法的な要件を満たすために唯一の、そして最後の手段(last resort)としてでなければ適用しないという条件がある。たとえば(42a)のような疑問文で使われる虚辞の助動詞 do を派生させる操作は、疑問節の文法的要件を満たす方法が他にないときのみ使用されるという制限をうける。したがって、(42b)のように助動詞を含んだ場合では、助動詞 do を派生させるような不必要な操作は排除されることになる。

(42) a. <u>Do</u> they know him?
　　　b. <u>Will</u> you marry me?

PP理論でさまざまな変形規則がα移動という統語操作1つに還元されたのと同じように、構造構築は併合という統語操作に還元されている。併合は、ある2つの要素が一緒になってまとまり(構成素)を形成することである。つまり、構造は基本的に2つの範疇からなり、それが併合されてさらに大きな範疇を形成すると考えられる。そして、より大きな句を作るために対となった範疇を併合し、連続して2つずつ組み合わせることで複雑な構造を構成していくのである。主要部と補部とのまとまりが、基本的な構成素であるので、それについて考えてみよう。

(43)　　　　XP　　　　　　(44)　　　　XP
　　　　／＼　　　　　　　　　　　　／＼
　　　X　　補部　　　　　　　　指定部　　X'
　　　　　　　　　　　　　　　　　　　／＼
　　　　　　　　　　　　　　　　　　X　　補部

主要部Xと補部が併合すると(43)のようなまとまりXPができる。さらにそれが指定部と併合されると、新たなまとまりXPとなり、主要部と補部のまとまりであった元のXPはX'に格下げされる。いずれにせよ、XPは主要部Xを中心としてできる最大のまとまり(最大投射)となる。したがって、指定部はXPと併合してX'の姉妹となる位置、補部は主要部の姉妹となる位置という構造上の位置関係を表すこととなる。

　表示の経済性では、すべての句はある表現が派生を終えて、インターフェイス・レベルに達した際に、外的システムにとって解釈可能な要素のみから成り立っていなければならない。これを完全解釈の条件(full interpretaion condition)といい、すべて解釈可能なものだけの場合にその派生は収束し、そうでない場合は破綻(crash)することになる。

　このようにミニマリスト・プログラムでは、最適な計算処理システムの設計をめざして、人間の脳内にある生物学的に与えられた生得的な言語機能、コンピュータにたとえれば言語獲得プログラムを解明しようとしている。そしてそれは、子供の言語習得の負担を最小限のものにし、なおかつ習得可能性を最大限にするものでもある。

第6章 意味論

ことばについて考えるとき、意味の問題を避けて通ることはできない。ひとくちに意味といってもいろいろな捉え方があるが、ことばが基本的にもつ意味を研究するのが、意味論(semantics)である。ここでは、意味の多様な側面を概観してから、語の意味の歴史的な変化、語の意味関係、意味の哲学的な側面を考え、さらに認知という新しい観点からもみてみよう。

1. 意味の多様性

語とそれが表す意味は1対1の関係とは限らず、「意味」にはさまざまな側面がある。

1.1. 意味と指示

ことばという記号とその指示するものとの関係については、2つの考え方がある。刺激と反応のように直接的な関係にあると考えるのが、行動主義(behaviorism)や物理主義である。一方直接的な関係ではなく、イメージ・概念・思想などを経由していわば間接的に結び付けられるとするのが、心理主義である。この2つの考え方のおもな説をみてみよう。

1.1.1. ソシュール

構造主義の祖ソシュールは、言語は概念を表す記号の体系であると考えた。そして、音声表現が表す記号表現(signifian:能記)と意味内容が表される記号内容(signifié:所記)との組み合わせ、つまり物理的な音声と心理的な意味が表裏一体となった恣意的(arbitrary)な結びつきであるとした。このような結びつきは、それぞれの言語のなかで成立する社会契約の1種であり、言語によって体系も異なる。さらにソシュールは、言語活動(language)においては、社会的な約束事としての言語(langue)と、個人が実際の場で使う言語(parole)を区別し、ラングを研究の対象とすることで言語の体系性を捉えようとした。ラングには、時代の流れとともに変化する通時的な面だけでなく、ある一定時の状態の共時的な面があることも指摘し、従来の歴史主義と一線を画した。

1.1.2. フレーゲ

ドイツのフレーゲ(G. Frege: 1848-1925)は、記号には、記号が指示するレファレンス(reference: 指示対象)と、記号が表すセンス(sense: 意義)があるとした。フレーゲのいうセンスは、提示の仕方を含む心象であり、指示対象以上のものを含むことになる。たとえば「宵の明星(evening star)」「明けの明星(morning star)」は、指示対象は同じであっても、同じセンスで使われることはない。つまり明け方に出る金星を「明けの明星」と名づけたのであり、指示対象が同じ金星だからといって、宵の明星をさしてI saw the Morning Star last midnight. と言い換えることはできない。

1.1.3. オグデン=リチャーズ

オグデン=リチャーズ(C. K. Ogden & I. A. Richards, 1923)は、「意味の三角形」で言語の象徴(symbol)性を指摘した。ある言語形式は「思想あるいは指示」の「象徴」であり、「思想あるいは指示」は言語外の「指示物」を指示するとした。語とそれが表す「指示物」との間には直接的な関係を認めず、語は思想あるいは指示を媒介として指示物を意味すると考える。

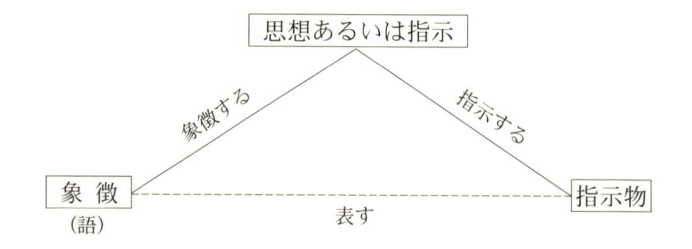

```
              思想あるいは指示
             /              \
      象徴する                指示する
           /                    \
      象徴  - - - - - 表す - - - - 指示物
      (語)
```

1.1.4. モリス

記号論のモリス(C. W. Morris: 1901-71)は、言語活動を考える際に、言語(記号)と表現された対象(指示項)以外に、言語活動を行う人間(話し手)をとりいれた。記号の働きに応じて、記号間の形式的関係を扱う分野を統語論、記号とそれが表す指示項との間の関係を扱う意味論、そして記

号とその使用者との関係を扱う語用論の3分野に分けた。さらに記号の表示作用と使用法を下位分類し、行動心理学的に人間全般に係わるものとして、言語を捉えている。

1.2. 意味の多様性

リーチ(G. N. Leech, 1974)は、意味の多様な側面を言語の伝達的価値から大きく3つに分けて考えている。中心的な伝達内容を構成する概念的意味(conceptual meaning)に、個人の経験に基づいた心的な要因がからんだ連合的意味(associative meaning)、さらに情報構造上の主題的意味(thematic meaning)が加わって、伝達的価値が生みだされると考え、意味の多様性を捉えている。

概念的意味		知的意味、論理的意味、外延的意味
連合的意味	内包的意味	語がさすものから連想的に伝わる意味
	文体的意味	使用される社会的環境から伝わる意味
	喚情的意味	話者の感情や態度から伝わる意味
	反映的意味	語の別の意味の連想から伝わる意味
	連語的意味	他の語との結びつきから伝わる意味
主題的意味		話者の情報の構成法から伝わる意味

2. 意味変化

時代や社会とともに語の意味が変化していくことは、ごく自然な現象といえよう。このような意味変化の過程では、言語的・歴史的・社会的・心理的な影響をうけ、新しい意味のほうが優勢になって、元の意味はほとんど使われなくなり、また意識されなくなることが多い。その際、語が指示する対象の範囲がずれる場合と、意味そのものが変化する場合がある。

2.1. 意味の推移

語の指示対象がずれて、同じ意味領域の上下関係に変化をきたす場合を、意味の推移(semantic shift)という。語の意味が一般化されることで指示対象が増加する拡大(extension)と、意味が特殊化されることで指示対象

が減少する縮小(restriction)の場合がある。

拡大	bird: 雛鳥→鳥　　　　　arrive: 港に着く→着く plant: 若枝→植物　　　carry: 車で運ぶ→運ぶ companion: パンを分けあう人→仲間
縮小	poison: 飲み物→毒　　　starve: 死ぬ→餓死する deer: 動物→シカ　　　　hound: 猟犬→犬 corn: 穀物→《英》小麦、《米》トウモロコシ、 　　　《スコットランド・アイルランド》カラスムギ

2.2. 意味の転移

　語が使われるうちに、意味内容や把握の仕方が変化する場合を、意味の転移(semantic transfer)という。コンテクストによって意味が変わる過渡的なものや、本来は中立的な語が使われるうちに価値観が付加され固定化されたものがある。意味の悪化(deterioration)では、婉曲に使われていたものが悪い意味と直接結びついて固定化したり、新たに偏見などにより悪い意味が付加されたりする場合がある。意味の良化(amelioration)では、良い意味が付加されたり、もともとあった悪い意味がなくなる場合がみられる。

転化	holiday(＜holy day): 聖なる日(で働かない日)→働かない日 accident: 身に起こったこと→偶然(→事故) chance: サイの出目→運命(→好機)　luck: 運命(→幸運) fate: 神のことば→運命(→死)　　　style: とがった筆→文体
悪化	silly: 幸福な→天真爛漫→愚かな　　cunning: 器用な→ずるい undertaker: 引受人→葬儀屋　　　　maid: 少女→小間使い immoral: 慣例的でない→不道徳な　criticism: 評論→非難
良化	nice: 無知な→潔癖な、細かいところまで行き届く fond: 愚かな→愛情深い　　marshal: 馬屋番→陸・空軍の司令官 minister: 召使→大臣　　　damned: 地獄行きの→ひどい→とても

3. 意味関係

語は、概念的な関連によってまとまって、全体として体系をなしている。このような語と語の意味関係、さらに語のなかの意味要素の関係について考えてみよう。

3.1. 類似関係

語と語にみられる意味関係のまとまりについて考えてみよう。このようなまとまりは意味の場(semantic field)といわれる。

3.1.1. 同義関係

同義語(synonym)は、狭義には概念的意味と連合的意味のどちらも一致する場合である。実際には、どちらか一方の語に淘汰されていくことが多い。例外的に言語変種間でみられる。

　　地下道：subway(BE)/underpass(AE)

　　鏡：looking-glass(BE の上層階級)/mirror(それ以外)

広義には類義語をさし、概念的意味や連合的意味にずれが生じた場合である。概念的意味がずれた場合は、middle より厳密な意味をもつ center や、glimmer, glisten, glitter のように順に輝きが増していく例などがある。連合的意味がずれるのは、異なる評価や感情が含まれる場合や、使われる場によって専門用語や文体を使い分ける場合などである。

評価のずれ	statesman(政治家)/politician(政治屋)
	famous(名高い)/notorious(悪名高い)
感情のずれ	reject(拒絶する)/decline(辞退する)
	suggest(控え目に提案する)/propose(積極的に提案する)
専門用語の使い分け	oculist/eye doctor
	pediatrician/baby doctor, child doctor
文体の使い分け	horse(一般語)/steed(詩語)/nag(俗語)/gee-gee(幼児語)

また、通時的にみて異なる系統(英語系・フランス語系・古典語系)から生じた類義語もある。本来語系は単純、フランス語系は文学的、古典語系は

「インキ壺」的である場合が多い。
　　始める：begin(E)/commence(F)/initiate(L)
　　終える：end(E)/finish(F)/conclude(L)

3.1.2. 反義関係
　反対の意味をもつ反義語(antonym)にはいくつかの種類がある。

相補的反義	male/female, alive/dead, present/absent
段階的反義	long/short, big/small, high/low hot/warm/cool/cold
関係的反義	（相互規定的）　husband/wife, teacher/child （方向性の逆転）buy/sell, lend/borrow 　　　　　　　　to/from, up/down, above/below （循環性）　　　before/behind
文化的反義	town house/country house(BE)

　相補的反義は一方であれば必ずもう一方ではないという、中間がない2項対立で相補分布する。段階的反義は、本来は明快な境界がない連続を相対化する。ときには very, quite, rather などの程度を表す副詞類と一緒に使われて中間的段階を表し、また別個に中間的な段階を表す語彙をもつこともある。関係的反義には、お互いに規定し合って関係が成立する場合と、同じ事象を反対の視点から見ることで方向性が逆転する場合がある。空間的位置関係では、方向性の逆転だけでなく、循環していく場合もある。また、日本語の「紅白」のように文化的に対立する意味をもつと考えられる文化的反義もある。

3.1.3. 上下関係
　一般的概念をもつ語とより特定的な概念をもつものの間には、上下関係が見られる。これは、文化人類学や生物学の分類法を応用したものであり、上位語(hypernym)には下位語(hyponym)の指示対象がすべて含まれ、下位語には上位語のもつ性質がすべて含まれる。

伝統的論理学では、概念を内包(intension)と外延(extension)に区別した。概念の意味すなわち適用条件が内包、それが適用される対象が外延である。内包が増え特定化されるほど外延は限定され、逆に外延が増え一般化されるほど内包は限定される。つまり上位語ほど一般性が高くなり、下位語ほど特定化される。したがってこの関係では、下位語の代わりに上位語を使うことはできても、その逆はできない。さらに横の関係での置き換えはできない。たとえばビーグルをさして、犬や動物とは言っても、決してコリーとは言わない。

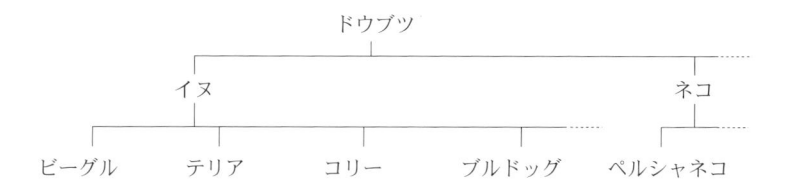

```
                        ドウブツ
            ┌──────────────┴──────────────┐
            イヌ                          ネコ
    ┌───┬───┼───┬───┐                     │
  ビーグル テリア コリー ブルドッグ      ペルシャネコ
```

3.1.4. パラフレーズ

boys と male children のように語より大きなレベルの句や、さらに文にも同義関係が認められるときをパラフレーズ(paraphrase)という。

初期の変形文法では、能動文や受動文は変形を介したパラフレーズであると考えていた。確かに概念的意味に限れば、方向性が違うだけのパラフレーズ関係にあるといえるが、含意や文の焦点などの情報的意味が関係すると、完全に一致する場合は少ない。たとえば、(1a)のような総称文を受動態に書き換えると、＜ビーバーだけがダムを造る＞という新たな言外の意味、含意が生じてしまう。

(1) a. Beavers build dams.（ビーバーはダムを造る。）
　　 b. Dams are built by beavers.（ダムはビーバーによって造られる。）

3.2. 多義関係

語がいくつかの異なった意味をもつため一義的に意味が決められない場合には、あいまいさ(ambiguity)が生じる。言語表現からだけでは特定で

きない漠然性(vagueness)とは違って、あいまいさはそれを解消するには文脈上の手がかりが重要となるが、時には意思伝達の妨げとなったり、またことば遊びを生みだしたりする。主として語源が同じかどうかで、多義語と同音異義語に分けられる。

3.2.1. 多義性

多義語(polysemic word)は、辞書の語項目に複数の意味が記載されている場合である。(2)のような語彙的あいまいさや、ときには(3)のように文構造と関係して構造的あいまいさが生じることもある。

(2) I don't like lemons. (＜レモン/欠陥品/ばか＞は、嫌いだ。)
(3) John loves Richard more than Martha.
 a. John loves Richard more than [Martha loves Richard]
 b. John loves Richard more than [John loves Martha]

3.2.2. 同音性

同綴同音異義語(homonym)は、語源が異なるのに綴りと発音が偶然同じになったものであり、辞書では別項目として扱われる。綴りが異なる場合は、異綴同音異義語(homophone)といわれる。

同綴	bank(土手/銀行)	mean(中間/卑しい)	
	seal(封印/アザラシ)	ear(耳/穂)	pole(棒/極)
異綴	meat(肉)/meet(会う)	sun(太陽)/son(息子)	
	key(鍵)/quay(波止場)	flower(花)/flour(小麦粉)	

同音性を利用したことば遊びの例もある。

(4) What is a door not a door? (ドアであってドアでないものは？)
　　　－When it's ajar (a jar).

このなぞなぞの答えは、「少し開いた」という意味のajarを異分析して、a jar「広口びん」にすりかえたしゃれになっている。

3.3. 慣用句

慣用句(idiom)はいくつかの語が組み合わされているが、その意味は単純に部分の総和ではなく、各語の本来の意味が失われて独自の意味をもつ。また、語の組み合わせ方にはほとんど生産性がなく、固定されている。したがって次のように、慣用句の1部の語をその複数形や類義語で置き換えたり、あるいは態を変えたりしても、慣用句としては機能しないことが多い。

(5) Tom kicked the bucket.（トムはくたばった。）
    a. Tom kicked the buckets.（トムはバケツをけった。）
    b. Tom kicked the pail.（トムは手桶をけった。）
    c. The bucket was kicked by Tom.（バケツはトムがけった。）

3.4. 意味の構成

語にまとまりをもたせる概念的な関連性とは何か、語の内部構造に入って考えてみよう。

3.4.1. 意味素性

意味的に関連をもつ語を比較して、その意味の成分を分析する方法を成分分析(componential analysis)という。語の意味をまるで因数分解するようにいくつかの意味素性(semantic feature)の有無で分析し、特に決定的な違いを生み出すものを弁別素性(distinctive feature)と呼ぶ。たとえば man と woman は、成年の人間という点では同じだが、性が異なるのでこれが弁別素性となる。また man と boy は、ともに人間で男性であるが、成年かどうかで違いがある。同じように boy と girl, cock と hen と chicken についても、＜人間＞＜成年＞＜男性＞という意味素性をたてて分析し、それぞれのペアで何が弁別素性となって違いを生みだしているのかを考えてみよう。意味素性があれば＋、なければ－、どちらともいえない場合は±で表すと、次頁のようになる。

	man	woman	boy	girl	cock	hen	chicken
人間	+	+	+	+	−	−	−
成年	+	+	−	−	+	+	−
男性	+	−	+	−	+	−	±

　成分分析の手法を1つの語の意味構造に利用すると、語の多義性が説明できる。たとえば辞書を調べてみると、bachelor には4種の意味がある。成分分析でその意味構造を分析すると、それぞれ共通の意味素性と独自の弁別素性の組み合わせであることが分かる。

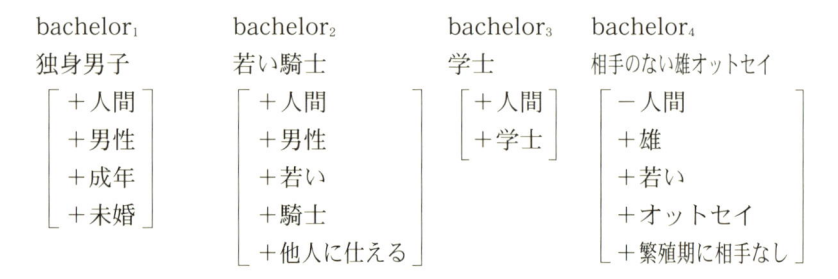

bachelor$_1$
独身男子
$$\begin{bmatrix} +人間 \\ +男性 \\ +成年 \\ +未婚 \end{bmatrix}$$

bachelor$_2$
若い騎士
$$\begin{bmatrix} +人間 \\ +男性 \\ +若い \\ +騎士 \\ +他人に仕える \end{bmatrix}$$

bachelor$_3$
学士
$$\begin{bmatrix} +人間 \\ +学士 \end{bmatrix}$$

bachelor$_4$
相手のない雄オットセイ
$$\begin{bmatrix} -人間 \\ +雄 \\ +若い \\ +オットセイ \\ +繁殖期に相手なし \end{bmatrix}$$

3.4.2. 前提

　語の意味の働きは使われ方によっても異なる。bachelor$_1$ の意味構造を利用して、否定のテストをしてみよう。次のような文では、どこが否定され、どの意味素性が問題となるのだろうか。

(6) a. This magazine isn't for bachelors but spinsters.（この雑誌は、独身男性向けではなく独身女性向けです。）
    b. This magazine isn't for bachelors but families.（この雑誌は、単身者向けではなく家族向けです。）
    c. Bob is no longer a bachelor.（ボブはもう独身ではない。）

bachelor は、(6a) では spinster と対比されることで性別が問題となるが、(6b) では family と対比されていて性別より未婚か既婚かが問題となる。bachelor の意味素性のなかで、(6a) は男性、(6b) は未婚が弁別素性とし

てそれぞれでもっとも言いたいところ、すなわち主張(assertion)となっている。主張された素性以外のものは、それぞれの前提(presupposition)となっている。前提はあらかじめ分かっていることであり、主張はそのときになって強調されるものである。このように同じ語を使っていても、語の意味素性のどこに焦点を当てるかで、意味の働きが異なってくる。また(6c)では主語の Bob で＜男性＞は前提されていることから、bachelor の＜未婚＞が主張の中心となる部分であることが分かる。

さらに前提は、語彙的特徴や特定の文法形式によっても生じる。次例ではすべて somebody won＜誰かが勝った＞が前提となっている。

(7) 叙実動詞：We regret that somebody won.
　　アスペクト表現：Somebody stopped winning.
　　反復の副詞：Somebody won again.
　　手続き的意味：Mary won, too.
　　定表現： the person who won
　　分裂文：It was Mary who won.

定冠詞や所有格を使った定表現では、修飾された指示対象の存在が前提される。さらに know, realize, regret などの叙実動詞(factive verb)は、目的語としての that 節、すなわち補文の内容が真であると話者によって前提される場合にだけ用いられる。次の(8a)では息子の無実は真であると前提されるが、叙実動詞ではない(8b)では前提されない。

(8) a. Mary knows that her son is innocent.（メアリは、息子の無実を知っている。）
　　b. Mary believes that her son is innocent.（メアリは、息子の無実を信じている。）

3.4.2. 選択制限

いたずらで手に負えない子供のことを「腕白」と言うが、大人に対しては言わない。これは、「腕白」ということばが、＜子供＞という意味素性

をもつものと結びつけられるという、一種の制限があるからだと考えられる。このような意味と意味との結びつきに関する統語的な情報を、選択制限(selectional restriction)という。これは、非文法的な語の結びつきを排除する働きをする。

(9) a.　The girl smiled.
　　 b.　?The flower smiled.
　　 c.　??The stone smiled.

smile という動詞は、主語に＜人間＞という意味素性を要求する。(9b, c)はともに選択制限違反となるが、(9b)は擬人法(personification)として考えると十分有意味である。ところが(9c)になると、擬人法と考えるにしても、(9b)より文としての適格性の容認度(acceptability)は低くなる。それは、girl と同じく flower には＜人間＞より上位の＜生物＞という共通する意味素性があるが、stone にはないからである。このように選択制限は、語の結びつき方の容認度を予測させるものとして機能している。

(10)　*Colorless green ideas sleep furiously.（無色の緑色の観念は怒って眠る。）

この文は、チョムスキーのあげた非文の例として有名だが、構造的には英語らしくみえても、その伝える意味には矛盾がある。「無色」と「緑色」、「観念」と「眠る」、「眠る」と「怒って」の結びつきは、いずれも選択制限違反である。

4.　意味の意味

人間を探求するための手法として、人間の使うことばの研究があるが、どのようなときにことばが意味をもつのだろうか。

4.1. 意味の判断

私たちは、「A がある」「B は C である」「D は E になる」や「F は G をする」などと言って、あるものについてその存在や性質や他との関係を

判断する。このような判断のもととなる認識が命題(proposition)であり、私たちはこの命題をことばで表して発話する。発話することにより、ある命題を主張したり、その命題に対する態度を明らかにしたりする。

命題とその言語化は区別して考えなければならないが、文の意味を知るためには、その基となる命題の意味が分からなければ、それが真(true)か、偽(false)か、あるいはそのどちらでもないとかを判断することはできない。つまり命題の意味を知ることは、命題の真偽を決定する真理条件を知ることでもある。これは真理条件的意味論と呼ばれ、言語を分析しどのような状況で命題が意味をもちうるかを考える。またこのような言語分析を行う哲学を分析哲学という。ことばを使ってことばについて考えるという、ある意味では矛盾したことをするので、日常言語(ordinary language)を重視する日常言語学派と、あいまいさを排するため人工言語の構築をめざす論理実証主義(logical positivism)とに分かれる。

4.1.1. 日常言語学派

言語分析は実際に使われている日常言語の分析でなければならないとしたのが、日常言語学派である。20世紀始めにイギリスで起こり、のちにオックスフォード学派と呼ばれる。日常言語学派では、日常言語が使用される発話状況に哲学的意味を求めた。人間の行為の1つとして使用される言語の使用法が意味である、と考えたのである。

のちにオースティン(J. Austin: 1911-60)は、発話が単に事実を述べるのではなく、ある行為を遂行することがあると指摘した。たとえば I promise to help you. と発話することで、＜約束＞行為をする場合などである。このような考え方は、さらに語用論として発達した。

4.1.2. 論理実証主義

あいまいさや不確定さをもつ日常言語を使わず、科学に共通の理想的な人工言語を作り、それを使って言語分析をめざしたのが、論理実証主義である。その中核は1920年代後半に盛んになったウィーン学派である。記号論理学や記号論に基づいて、厳密な数学的手法で人工言語の形式的な分

析を行い、言語外の事実との照合により意味の検証可能性(verifiability)の基準を追求した。

　カルナップ(R. Carnap: 1891-1970)は、表現された事象が実際に存在するか否かで真偽が決まるという意味の基準(meaning postulates)をたてた。つまり命題が有意味になるのは、真偽の検証が可能な場合だけに限られる。そうなると、Man is mortal. のような経験的な一般法則は検証できないことになってしまう。反例の可能性が否定されない限り、検証されたことにはならない。したがって、一般法則は無意味な命題として排除されてしまうことになる。

　このような形式的に意味の分析を行う手法は、数学的な論理システムとして、文と世界との対応関係だけから意味の問題をとり扱おうとする形式意味論(formal semantics)へと受け継がれている。

4.2. メタ言語

　言語は、言語外の事象だけでなく、言語それ自体についても述べることができる。言語外の事象を指示対象とする日常言語を対象言語(object language)というが、この対象言語そのものを指示対象とする高次元の言語をメタ言語(metalanguage)という。一般に引用符をつけてメタ言語であることが明示されることが多いが、なぞなぞやパラドックスなどのことば遊びでは、レベルの違いをわざと明示しないことにより相手を混乱させる。たとえば「この世の真ん中にあるものは？」の答えは、哲学する必要もなく、メタ言語「この世」の真ん中の文字「の」となるのである。次の例の moon は、(11)では天体の月を指示する対象言語であるが、(12)では moon という語そのものを指すメタ言語である。

(11) There is a full moon tonight. (今夜は満月だ。)
(12) a. 'Moon' is an English word. (moon は英語だ。)
　　 b. The Japanese word for 'moon' is 'tsuki'. (moon は日本語ではツキだ。)

(12a)では語が本来もつ意味とは無関係な統語論的メタ言語であり、(12b)では意味(厳密には対象言語のもつ意義)に関する意味論的メタ言語である。ともに日本語に訳すときに「月」にするとおかしくなる。また What do you mean by 'a fool'?(「ばか」とはどういうつもりだ。)は、意味が分かったうえで fool の使い方を問題にする語用論的メタ言語である。

5. 意味の認知

私たちは、自分たちの認識に基づいて意味を、そしてことばを使っている。このメカニズムを探る試みとして、近年では、認知言語学(cognitive linguistics)が盛んになってきている。

5.1. 意味の境界

意味を成分分析していく方法は1部の語については有効であるが、たとえば big, red など、ものの性質を表す語や固有名詞などは弁別素性で表すことはできない。明快な境界線をもって対立的に捉えられる意味のほかに、境界が不明瞭なものもある。たとえば鳥の場合、スズメやワシのように非常に鳥らしいものから、ニワトリやペンギンやダチョウのような特殊なものまで、鳥らしさの度合は異なっている。ときにはコウモリまで鳥らしく感じられることもある。鳥というカテゴリーを考える際、典型的なものを中心にそこから非典型的なものまで、はっきりした境界もないままに連なっていると考えられる。

典型的なものをプロトタイプ(prototype)と呼ぶが、このような典型的なものを中心にして「〜らしさ」の度合によって関係づけが形成される。「〜らしさ」は変容を許容する幅があるということであり、その結果、典型と非典型の度合の段階的な範疇が認知的に形成される。I see.(見る→分かる)という表現にも端的に表れているように、人間の認知、とりわけ視覚的認知が、意味の決定に大きな役割を果たしていることが分かる。また抽象的な概念を理解する際に、具体的な概念を媒介にすることもある。単なる言語的意味だけでなく、視覚などの身体性も語の意味の決定に大きく関与するのである。

5.2. 認知意味論

　同じ事象でも見方によってまったく違ったものとして捉えられることがある。たとえば右の絵を見てみよう。どこが際立って見えるかで、盃にも見えるし、向き合っている2人の人間の横顔にも見える。際立って見えるほうを前景(Figure: 図)、そうでないほうを後景(Ground: 地)というが、この2種の見方はまさに図と地が逆転したものとなっている。つまり、どちらを前景にして際立たせるかというプロファイル(profile)の違いとなるのである。

▼ルビンの盃

　このように、言語の意味はその指示対象によって決まるだけではなく、話者が対象をどのように認識、解釈しているのかということも関係してくる。この言語使用者である人間の認知という側面に光を当てたのが、認知言語学である。認知言語学では、人間が主体的、能動的に意味をみいだそうとする過程を研究する。その際に人間が認知する基盤となるものをスキーマ(schema)と呼び、これに基づいて人間の知識構造の集合体が構成されると考えるのである。スキーマは、あるものや事象に関する過去の経験に基づく知識をより抽象化、構造化した集合体である。このスキーマと照合することで意味をみいだしたり、プロトタイプとどれほど合致しているかにより「〜らしさ」を査定することができる。

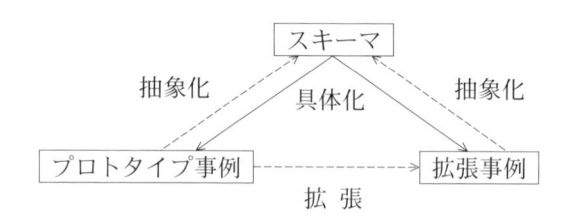

　このように、プロトタイプとの類似性を発見することでカテゴリーを拡張し、それと同時にその拡張例とプロトタイプとに共通するスキーマを抽出することを繰り返して、ネットワークを構成し、知識として蓄積していく

のである。

　このようなカテゴリーの拡張を動機づけるものとしては、メタファー(metaphor: 隠喩)、メトニミー(metonymy: 換喩)やイメージ・スキーマ変換が考えられる。これらは単に言語活動のみならず、思考や行動といった人間の日常生活に浸透しており、人間の概念体系の大部分を形成しているのである。メタファーは、特殊な技巧というよりは、むしろ広く私たちの認識や概念構造と密接な関係をもった日常のものであると考えられる。単にことばだけでなく、概念の問題であり、その概念構造は知性だけでなく、広く経験に基づいた認識からなる。

　レイコフ=ジョンソン(G. Lakoff & M. Johnson, 1980)の「方向づけのメタファー」を例に考えてみよう。上下という空間的関係づけを利用したメタファーは、HAPPY IS UP: SAD IS DOWN.(楽しきは上、悲しきは下。)のように私たちの体の姿勢になぞらえて気分を表現すると考えられる。

(13) I'm feeling *up*.(気分は上上だ。)
　　　That *boosted* my spirits.(元気を押し上げた。)
　　　My spirit *rose*.(元気が高まった。)
　　　You're in *high* spirits.(上機嫌だね。)
　　　Thinking about her always gives me a *lift*.(彼女を思うといつも胸が高鳴る。)
　　　I'm feeling *down*.(気持ちが沈んでいる。)
　　　I'm *depressed*.(落胆している。)
　　　He's really *low* these days.(最近本当に沈んでいる。)
　　　I fell into a *depression*.(気持ちが落ち込んだ。)
　　　My spirits *sank*.(気持ちが沈み込んだ。)

　また自動翻訳の分野では、メタファーはむしろ文字通りに翻訳することで十分用をなすことが多いといわれている。翻訳されたメタファーの解釈は読む人に委ねられる。ここでは、使われる言語とは関係なく、共通の認識、つまりイメージ・スキーマが作用しているからである。

　メタファーは類似性の連想に基づく異領域間の写像であるのに対し、メ

トニミーは近接性の連想に基づく同一領域のなかでの写像である。この認知的なまとまりをなすときには、話者にとって際立つとされる特徴が選ばれ、それで代用される。メトニミー表現によって際立たせられた要素が目印、すなわち参照点 (reference point) となって、近接関係にある別のターゲット (target) を指示するのである。

(14) a. We don't hire longhairs. （長髪(の人)は雇わない。）
  b. The kettle is boiling. （ヤカン(の中の湯)が沸いている。）

(14a)では、認知的に際立つ長髪が参照点となって、長髪の人をターゲットとして指示している。一方(14b)では、ヤカンが参照点で、その中の見えない湯がターゲットである。

 イメージ・スキーマについては、前置詞 in を例に考えてみよう。

(15) a. My mother is in the kitchen.
  b. My mother is in PTA.
  c. My mother is in love.
  d. My mother is in trouble.

in が使われている領域は、それぞれ空間的、社会的、感情的、抽象的と異なるが、「何かが何かのなかに入っている」という抽象的なイメージ・スキーマが共通にあることが分かる。言い換えれば、イメージ・スキーマを違う領域に変換していくことで、語彙の多義性の説明も可能となる。

 このように、メタファーとメトニミー、そしてイメージ・スキーマという概念化を行う能力によって、抽象的な概念構造が生みだされ蓄積されていく。

5.3. 認知文法

 形式主義の生成文法に対し、認知言語学は意味を中心にすえている。言語構造は認知機能を基盤とするので、形式の違いは意味の違いであると考え、言語現象はすべて認知の概念で説明されるとする。たとえば主語・目的語といった文法関係は、共通の意味役割をもっていないので、意味的に

定義することは困難であると従来考えられてきた。しかし認知文法では、参与者たちによって引き起こされる一連の事態連鎖のなかで、どの部分を切り取り、そこでどの参与者を際立たせるのかという、スコープ(scope)とプロファイルの問題として分析するのである。

ラネカー(R. W. Langacker, 1990)にならい、「アンドレアがフロイドをからかって、怒ったフロイドがハンマーを投げて、当たったガラスが割れた」という一連の行為連鎖(action chain)を例にして考えてみよう。事態は参与者とその間の関係によって表されると考えられるので、参与者を○、エネルギーの伝達を⇒、参与者に生じる状態変化を○の中の曲線矢印で表して、一方的に伝わる連鎖を図示すると次のようになる。

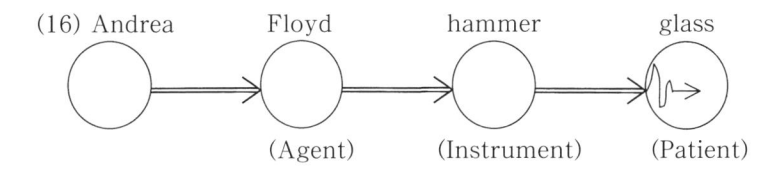

(16) Andrea　　Floyd　　　hammer　　　glass
　○ ⇒ ○ ⇒ ○ ⇒ ○
　　　　　(Agent)　(Instrument)　(Patient)

私たちは通常、この連鎖のなかのどの部分を切り取るか、またどの参与者を際立たせるかを選択して文章化する。その結果、さまざまな文が作りだされる。たとえばAndreaを除外した事態連鎖を表す文としては次のようなものが考えられる。

(17) a. Floyd broke the glass with a hammer.
　　 b. The hammer broke the glass.
　　 c. The glass broke.
　　 d. Floyd hit the glass with a hammer.

(17a～d)の文は、Floydがhammerを使ってglassにエネルギーを伝達する連鎖におけるスコープの設定が異なっている。たとえば(17a)ではこの連鎖全体であるのに、(17b)はhammerとglassの相互関係、(17c)ではglassの状態変化、(17d)ではFloydとhammerの相互関係である。また(17a)と(17d)では、スコープ内のどの参与者をプロファイルするのかで異なっている。(17a)はFloyd(Agent)とglass(Patient)、(17d)は

Floyd と hammer (Instrument) である。各文でプロファイルされる部分を太線で表記し、あわせて各文の主語になっている部分には S、目的語には O を付記して、それぞれの表す事態連鎖を図示すると次のようになる。

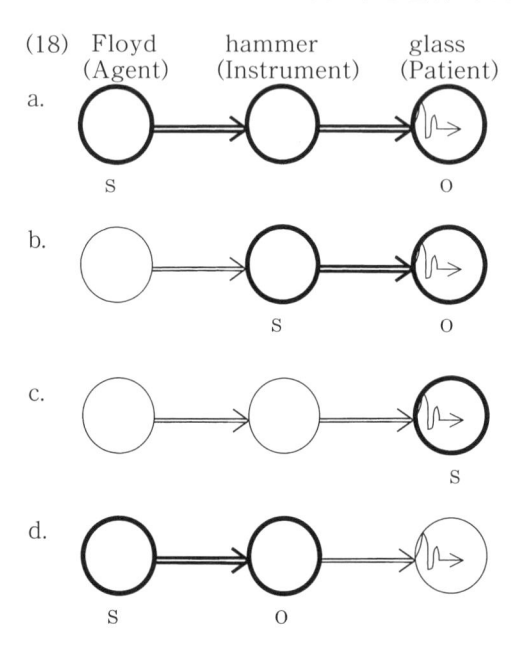

(18) Floyd　　　hammer　　　glass
　　　(Agent)　　(Instrument)　(Patient)

a.

b.

c.

d.

ここでプロファイルされた参与者と、主語と目的語の位置関係をみると、いずれも主語はプロファイルされた参与者の先端部、目的語は末尾部に相当している。ただし参与者が1つの場合は、(17c) のように自動詞文となる。これは主語の選択の階層性（Agent, Instrument, Patient の順）にも合致し、認知的にも説明が可能となるのである。

第7章 語用論

語用論(pragmatics)は、具体的に行われた発話(utterance)とその話し手および聞き手の関係を研究する分野である。発話には、その内容に対する話し手の考え、発話状況に対する認識、社会的・文化的な背景知識が関係し、聞き手の発話理解にもこれらがいわゆるコンテクストとして関係してくる。ここではこのコンテクストも含めて、話し手と聞き手の間の、ことばの意味解釈におけるメカニズムを明らかにしていきたい。

1. ことばの意味

　語用論で扱われることばの意味には、大きく分けて3つのレベルがある。

　（1）I was here yesterday.

第1の意味は、「私は昨日ここにいた」という知的意味あるいは論理的意味といわれるものである。これはことばという記号とそれが指示するものとの関係を記述するもので、この文を誰がどこでいつ発話しようとも常に一定で、いわば機械的に決められる意味である。

　第2は、外界との対応関係において特定化されたレベルでの意味である。(1)の I, here, yesterday などを、この文が発話された具体的状況を考慮にいれて、たとえば、'I' は A さん、'here' は A さんの研究室、'yesterday' は 2001 年 4 月 1 日と特定化すると、(1)の意味は「A さんは 2001 年 4 月 1 日 A さんの研究室にいた」となる。このような発話の状況が分からなければ特定できないような語を直示(deixis)という。

　第3は、(1)の発話が行われた際の、話し手の意図に関係する意味である。たとえば A さんが、B さんと前日(2001 年 4 月 1 日)に研究室で会う約束をしていたのに、B さんが来なかったとする。次の日研究室に来た B さんに向かって、A さんが(1)を言ったとすると、A さんは約束どおりに自分は研究室にいたのに、B さんはなぜこなかったのかという抗議をこめて発話したことになる。つまり A さんは第1・第2の意味を伝えると同時に、相手に＜抗議＞していることになる。B さんの方もこれらの意味をふまえ、A さんの発話の意図を＜抗議＞ととるなら、伝達行為は十分に成立したことになる。

2. 発話の意味

　発話の意味は、特に実際にことばが使用される場合に重要となってくる。この意味は状況に依存し、話し手の意図やさらに聞き手の解釈によって、異なってくるからである。

　(2) It's rather hot in here.（ここはちょっと暑い。）

この文の知的意味は常に一定であるが、発話の意味は具体的状況に応じて変わる。たとえば、窓が閉まっている部屋に、話し手が汗をかきながら入ってきて、窓際に立っている聞き手に(2)を発話したとする。これを聞いて聞き手が窓を開けるなら、この発話は「ここはちょっと暑い」という意味をふまえて、相手に窓を開けるよう要請していることになる。

　また汗をかきながら入ってきた話し手が、部屋の中にいた聞き手に(2)を発話しながら窓を開ける行為にでるとすると、この文は「ここはちょっと暑い」という意味をふまえて、窓を開ける提案をしていることになる。さらにこの発話は、話し手が部屋の状況を単に述べているともとれるし、また別の部屋へ移動しようと勧誘しているともとれる。

　このように発話はそれを取りまく状況により、ことばの文字どおりの意味を超えた何かを伝えたり、ときには実際に言っていることとは異なったことを伝えたりする。そして聞き手の方も話し手の意図をくんで解釈しようとする。

3. 発話行為

　私たちは文を発話することによってさまざまな行為を行っており、上の(2)は聞き手に対して要請や提案などの行為を行っていることになる。これを発話行為(speech act)と呼ぶ。この発話行為の理解は、対話がまともに行われるための重要な基盤となり、話し手と聞き手の間で、この理解が存在しなければ、お互いの伝達は不成立に終わることにもなる。

3.1. オースティンの3分説

　オースティンは、発話行為の基本的な側面を3つに下位区分している。

① 発語行為(locutionary act)
単に言語の音・語・句・文などを発する行為
② 発語内行為(illocutionary act)
発語行為をしながら何かを遂行する行為
③ 発語媒介行為(perlocutionary act)
発語行為と発語内行為によって媒介されて、その結果としてでてくる行為

具体例でこの3種類の行為を考えてみよう。

(3) I will be here tomorrow.(私は明日ここへ来るつもりです。)

(3)を発話することにより、まず話し手は聞き手に(3)の文を発語するという行為をしたことになる。これが①の発語行為である。次に、話し手が(3)の文を発語することにより、聞き手に＜約束＞をしたとすると、この＜約束＞が②の発語内行為となる。つまり＜約束＞は、発語行為のなかに存在する行為というわけである。言い換えれば、発語行為を、その発話者の意図を考慮に入れて再解釈すれば、ある発語内行為が導きだされるのである。次に、話し手は聞き手に約束して、聞き手を安心させたとすると、この安心させる行為は、①と②によって媒介されて、結果としてでてくる行為になる。これを③の発語媒介行為という。この3つのなかで、もっとも重要なものは②の発語内行為で、＜約束＞以外にも＜質問＞＜命令＞＜勧誘＞＜依頼＞＜主張＞などがある。

3.2. 遂行文

特定の動詞を使って、話し手の発語内行為を明示的に表示した文を、遂行文(performative sentence)という。次の2文を比較してみよう。

(4) a. I promised to help Mary.(私はメアリーを助ける約束をした。)
b. I promise to help you. （私はあなたを助けることを約束します。）

(4a)の文は、過去時におけるある言語外の事実、つまり話し手がメアリー

を助ける約束をしたという事実を記述した、事実記載文(constative sentence：陳述文)である。ところが(4b)の文は、意味されていることがらがこの文とは別に存在していて、それを記述した文というわけではない。話し手はこの文を発話することによって約束という行為をしている。つまり(4b)を発話すること自体が約束行為になっているのである。

このように(4a)と(4b)は別個の機能をもつ。(4a)は外部世界を記述しており、真偽の判断が可能である。一方(4b)はこの発話自体が約束の行為を成立させる機能をもち、真偽の判断を問うことは不適切となる。この(4b)を遂行文といい、このときのpromiseのような動詞を、遂行動詞(performative verb)という。

3.3. 間接発話行為

発語内行為が遂行されるためには、聞き手が話し手の発話の意図をくみ、適切な解釈をしなければならない。当然聞き手の推論する力が問われることになるが、この点におけるプロセスには、①直接発話行為(direct speech act)と②間接発話行為(indirect speech act)の2とおりがある。

次の(5)の文は文字どおりの解釈そのままに、「窓を開けて」という＜依頼＞を遂行している、つまり表現が発語内行為を明示していることになる。このような直接的に行われる発語内行為を直接発話行為という。

(5) I request that you open the window for me.

ところが＜依頼＞は、たとえば(6a,b)のように相手の能力や意志を質問する疑問文形式や、さらに(6c)のように＜主張＞の平叙文形式で間接的に遂行することもできる。このような発話を間接発話行為という。

(6) a. Can you open the window for me?
　　 b. Will you open the window for me?
　　 c. I want you to open the window for me.

しかもこの(6)は＜依頼＞を遂行する文としては、慣用的に使われている。このように一定の文型に一定の間接発話行為がかなり固定して結びついて

いるものを、慣用的間接発話行為と呼ぶ。
　一方(7)が聞き手に窓を開けるように＜依頼＞を表す表現として働いたとすると、この依頼行為はこの文に固定的に結びつくわけではなく、かなり状況の支えが必要となる。このように遂行される行為を非慣用的間接発話行為という。

(7) We can enjoy a lovely cool breeze here.

3.4. 適切性の条件
　発話行為を遂行する表現はどのようなものでもいいというわけではない。サール(J. R. Searle, 1969)は発話行為の記述・説明の一般化のために、適切性条件(felicity conditions)を設けている。たとえば＜依頼＞という発話行為を遂行するために、当該の発話は４つの条件をなんらかの形で満たしていなければならないとする。
　① 命題内容条件
　　依頼するからには、話し手は聞き手の未来の行為を叙述しなければならない。
　② 準備条件
　　聞き手は依頼された行為を実行する能力がある、と話し手に思われていなければならない。
　③ 誠実条件
　　話し手は依頼する行為の実行を欲していなければならない。
　④ 本質条件
　　依頼するからには、話し手は聞き手に何かをさせようと試みていなければならない。
　ところでこの条件が満たされない発話が行われた場合はどうなるのであろうか。聞き手は話し手の発話が会話の場に不適切であると思っても、すぐに対話を中止するわけではない。不適切性はみかけ上のことに過ぎないと考えて、話し手の行為を正確に判断しようと努める。
　この点で、このことを可能にするために、会話に参加している人が基本

的に当然守っていると考えられる一般原則が必要になってくる。

4. 会話のルール
4.1. 協調の原則
グライス(H. P. Grice: 1913-88)は、会話は一定の方向をもった話し手と聞き手の協力的な行為で、両者とも協調の原則(cooperative principle)を守って発話が行われると考える。この原則(あなたが係わっている会話では、発話が生じる段階で、その会話の目的や方向にそったようなものにしなさい)のもと、より具体的な行動の規準を示すものとして、4つの会話の公理(conversational maxims)を設ける。

① 量の公理(maxim of quantity)
　a. 必要とされるだけの情報量を伝えなさい
　b. 必要とされる以上の情報量を伝えないように
② 質の公理(maxim of quality)
　a. 偽りであると思っていることを言わないように
　b. 証拠がないことは言わないように
③ 関連性の公理(maxim of relation)
　a. 関係のあることを述べなさい
④ 様態の公理(maxim of manner)
　a. 不明瞭な表現を避けなさい
　b. 曖昧性を避けなさい
　c. 簡潔に言いなさい
　d. 順序立ったものにしなさい

発話が一見すると上の公理のどれかに違反しているようでも、話し手は協調の原則は守っていると考えられるので、聞き手はその違反は見かけ上のものにすぎないとみなし、話し手の意図を推論する。間接発話行為の場合でも、ある発話が会話の場面に不適切であると判断されたとき、基本的な原則は守られているものとし、話し手は間接的になんらかの発話行為を行っていると理解して、その発話の含意が引きだされる。

(8) Boys will be boys.

(8)の文字どおりの意味からは、なんら新しい情報が伝えられていないので、上にあげた量の公理に違反する。しかし話し手は協調の原則は守っていると考えられるので、違反は表面上のこととして、推論をへて含意が引きだされる。これは「男の子なんて…」というように男の子に否定的な見方をとるときの陳述として一般的に機能する。

(9) John is a fine friend.

話し手が、自分を裏切った友人について(9)のように述べたとき、文字どおりの発話内容は偽となり、質の公理に違反していることになる。しかしこの表面上の違反を、文字どおりの発話内容の否定が意図されている、すなわち皮肉と考えれば、違反は解消される。

4.2. 含意
含意(implicature)には3種類がある。

① 論理的含意(logical entailment)
② 慣習的含意(conventional implicature)
③ 会話の含意(conversational implicature)

①の論理的含意は、語自体に内在するものであり、意味の1部分と考えられる。たとえば The actor killed himself yesterday. と言ったとき、He is dead. He is not alive. などは、この文自体の意味から直接的に導きだされる論理的含意といわれる。

②の慣習的含意は、語句の慣習的な意味から決定される。たとえば、He is poor but he is honest. と、He is poor and he is honest. を比べたとき、この2文の真理値は同じであるが、明らかに異なることを伝えている。but には、He is poor. という主張から、He is honest. という主張は予想されにくいという含意が含まれるが、and にはそのような含意は含まれない。さらに but には、He is poor. と He is honest. が

論理的に矛盾するようにみえるが、実際はそうではないという意味あいも含まれる。but のもつこのような意味を、慣習的含意という。

③の会話の含意は、文そのものの言語的意味には含まれない言外の意味であり、その場の状況のなかで推論を行うことによってでてくるものである。Are you free on Sunday? は状況に応じて、多様な発語内行為を遂行することができる。たとえば、聞き手に日曜日はひまかと尋ねることにより、パーティへの勧誘の意味をもつこともあるし、話し手の部屋の模様替えを手伝ってほしいと依頼することもある。しかし＜勧誘＞か＜依頼＞かの決め手は言語表現のなかにはない。これは言外の意味、すなわち会話的含意によって決定される。このような含意は、1つの表現から不特定多数得られることになり、また後続の言語文脈によって取り消しが可能である。含意は、会話の当事者達が特定の状況で行う推論によって得られるが、これが可能となるためには、会話をする者が根本的に協調の原則を守り、会話の公理にのっとっているという大前提が必要である。

4.3. ポライトネス

リーチは、コミュニケーションの重要な原則として、グライスの協調の原則に、ポライトネスの原則(politeness principle)、アイロニーの原則(irony principle)などの諸原則を加えた。このうちポライトネスの原則では、人は常に対人関係に注意を払い、相手に対して失礼のないようにことばを使用するという。これには6つの公理が含まれ、気配りの公理・寛大性の公理・是認の公理・慎ましさの公理・同意の公理・共感の公理がある。このなかでもっとも重要なものは気配りの公理(tact maxim)である。次の2文を比べてみよう。

(10) a. Peel these potatoes.
　　　b. Sit down.

(10a)は相手に負担がかかることを要請し、(10b)は相手の利益になることを要請しているので、(10a)は(10b)より失礼になり、(10b)は(10a)に比べて丁寧になる。そこで、相手に負担がかかることを要請する場合、より間

接的な表現をとることによって、ポライトネスの度合を増すことができる。

(11) a. Answer the phone.
　　　b. Could you possibly answer the phone?

(11a)と(11b)を比べると、(11b)は(11a)よりも間接的な表現であり、同じ行為を頼んでもよりポライトネスが増すことになる。このように、話し手はできる限り間接的な表現を使用して、聞き手に選択の余地を与えようと努める。これは「話し手は相手に対する負担を最小限に、利益を最大限にするように努める」という気配りの公理が働いているからである。

4.4. 関連性理論

　グライスの協調の原則には4つの会話の公理が含まれるが、その1つに「関係のあることを述べなさい」という関連性の公理がある。この関連性の公理の重要性を推し進めたのが、スペルベル＝ウイルソン(D. Sperber & D. Wilson, 1995[2])の関連性理論(Relevance Theory)である。言語伝達を「関連性」という単一の原理で捉えなおしたこの原則には、認知に関する原則に加えて伝達に関する原則が含まれる。

　最初の原則は、「人間の認知は傾向として関連性を最大にするように構成されている」という、基本的かつ一般的な原則で、「認知資源は、その出所が内在的なものであれ外在的なものであれ、利用しうるもっとも関連性のある入力の処理に割り当てられる傾向がある」と説明される。たとえば筋肉の構造・配置・動き方には、筋肉の機能である身体運動を行うエネルギー・コストを最小にする傾向があるのと同じように、認知機構のしくみも労力を最小にして、しかも効率を最大にしようとする傾向があると捉える。

　2番目の原則は、「すべての意図明示的伝達行為は、それ自身の最適の関連性の見込みを伝達する」である。この原則を説明する例を、スペルベル＝ウイルソンから引用して考えてみよう。話し手が自分が4時から6時まで外出していることを、聞き手に顕在化しておきたいと思っているときに、話し手は次のどの文を発話するだろうか。

(12) a. I'll be out from 4 to 6.
　　 b. I'll be out at the Jones's from 4 to 6.
　　 c. I'll be out at the Jones's from 4 to 6 to discuss the next meeting.

(12a~c)のいずれも話し手が伝達したいと思っていることを伝えることはできるし、また話し手はどれでも提示することができる。話し手には、伝達目標の達成にもっとも効果のある発話を選択したいという以外は、発話の選択に関する制約はないと仮定すると、(12a~c)は聞き手に要求される労力や、達成される効果や、その両方の点で違ってくることになる。話し手は聞き手にもっとも関連性があるようにみえる発話を選択すべきであり、その時に伝達は成功しやすくなる。聞き手はもっとも関連性のある発話に対して注意を払い、またそれを覚えている可能性が高い。その場合話し手が聞き手にもってほしいと思う情報の顕在性が聞き手にとって最大になる。(12a)よりも(12b)、(12b)よりも(12c)の方が情報量が多くなるが、付加されている情報が聞き手に十分な関連性をもっているのでなければ選択すべきではない。聞き手が話し手の行き先に関心をもっていないのであれば、(12a)を選択すべきである。聞き手が話し手の行き先に関心をもっていても、でかける理由に関心がないときには、(12b)を選択すべきである。また聞き手が話し手の行き先にもでかける理由にも関心があるときは、(12c)を選択すべきである。このように話し手はもっとも関連性がある発話を選択することによって、伝達を成功しやすくするのである。

5. テクストと談話

　日常の対話でも毎日読む新聞記事でも、単独文だけで成立しているものはまれで、通常いくつかの文から構成されている。しかもこれらはあるまとまりをもっており、このまとまりは一定のルールにのっとって文が作られたときにでてくるものである。このようなまとまりのある文章をテクスト(text)と呼び、特に発話のまとまりを談話(discourse)という。テクストあるいは談話はどのような構造をもち、どのような結びつきをしたとき

にまとまりをもったものになるのかを考えてみよう。

5.1. 談話の規則

　文として適格であっても、談話として捉えたときには、不適格になる場合がある。これは、前後の文との続き方がなめらかでなかったり、談話の流れが阻止されていることから生じてくる。このことは、談話というレベルで文を捉えたとき、各文を結びつけるためのなんらかの規則やきまりがあるということを示唆している。言い換えれば談話を構成するおのおのの文は、このような規則やきまりに従って組み立てられないと、談話として不適格になるということになる。次の文の結びつきを考えてみよう。

(13) a. The gate was already open. John opened it.
　　　　(門はすでに開いていた。ジョンがそれを開けた。)
　　　b. The gate was already open. It was opened by John.
　　　　(門はすでに開いていた。それはジョンによって開けられた。)

各文は、文のレベルでは、文法的にまったく問題はない。(13a)と(13b)の相違は、それぞれの後半の文が能動態と受動態になっているというだけである。ところが談話のレベルで考えたとき、ふつう(13b)の受動態が好まれる。ここではどのような規則が働いているのであろうか。

　談話が円滑に流れ、伝達が効果的に行われるために、話し手と聞き手の間で、すでに既知のことになっている情報を基にして、それに聞き手にとって新しい情報を、話し手が付け加えていくといった方法が一般的にとられる。(13)は前半の文から、誰かが門を開けたということは、既知になっている。例文(13b)の後半の文のitは、前半の文のthe gateを受けているので、It was openedの部分はこの既知の情報をになっていることになる。したがってこの文は、まずこれを先行させ、その後に新しい情報であるJohnを続けていることになる。つまり受動態をとることにより、前文からの情報的なつながりがなめらかになっているのである。

　このように談話の構造を決定する要因として、まず情報が既知であるか、それとも未知であるかが考えられる。次に情報がどの程度重要であるかに

よって配列法が決定される。さらに伝えられる内容を明確にし、また聞き手の理解を容易にするために、話し手は何について話をしているのかをはっきりと示し、それについて述べていくといった構成がとられる。

5.2. 旧情報と新情報

情報のなかで、聞き手の意識のなかにすでにあるであろうと話し手が判断している情報を旧情報(old information)といい、聞き手の意識にのぼっていないであろうと考えられる情報を新情報(new information)という。情報のこの新旧はあくまでも話し手の側からの推測によるものである。旧情報となる内容には、次のようなものが含まれる。

① 話し手と聞き手が同じ場で共に経験したり知覚していることがら
② 先行する文脈にすでに登場していることがら
③ 範疇全体を総称する場合

音声的には、旧情報となっている要素は新情報の要素に比べて強勢が弱く、ピッチも低くなることが多い。

統語的には、定冠詞を伴った名詞、指示代名詞、人称代名詞などの指示表現や、1度すでに前の文脈にでてきたものを別の表現で置き換えた代用表現などは、旧情報をになうことができる。ただし、話し手と聞き手が同定できる(identifiable)ものを指示する場合には定冠詞が付与されるので、定冠詞がついているからといって必ずしも旧情報というわけではない。

旧情報は文のなかで頭の方に現れ、逆に新情報は後方に現れる。つまり1つの文の情報構造は、旧情報から新情報へ向かって流れていくのである。これを「旧情報から新情報への原則」という。

5.3. 前提と焦点

発話のなかでもっとも重要な情報をになう部分を焦点(focus)という。その焦点部分を変数 x で置き換えたものが、前提(presupposition)になる。つまり、話し手と聞き手の間で了解されている既知命題の内容が前提であり、その命題のなかの未知数を特定化した部分が焦点となる。

(14) a. What did he do?
　　 b. He broke the lock.

(14a)に対する答えが、たとえば(14b)であるとすると、(14b)でもっとも重要な情報を伝えている部分は broke the lock であり、これが焦点ということになる。そしてこれを x で置き換えた [He did x] すなわち [He did something] が前提となる。

この前提と焦点を情報の新旧で考えてみると、前提は、不定代名詞などに当たる部分をのぞいて、旧情報からなる。ところがもう一方の焦点の方は、新情報とは限らない。

(15) a. She took Mary and Susan to the movies, and Susan seemed to enjoy them very much.
　　 b. No, Mary enjoyed them very much.

(15a)に対して(15b)と応答したとする。このときの焦点は Mary であるが、これはすでに先行文にでている名前で、既知情報であり、旧情報ということになる。

前提は旧情報であるので、ふつう文の前方にでてくる。一方、焦点は通常文末あるいは文末に近い位置に現れる。それ以外の場所にでてくるときは、焦点であることを示すために強調強勢(emphatic stress)を伴う。

5.4. 主題と題述

文がこれから何について述べるかを予告する役割を主題(theme)といい、それについて述べる部分を題述(rheme)という。主題は予告の役割を果たしているので、文の先頭の位置に生じることになる。主題となる要素は旧情報に限られ、題述の方は新情報を伝えることが多い。

主題の役割をになっているのはふつう文の主語である。しかしたとえば What did he write? という疑問文では、話し手が一番知りたいのは文頭の What の部分であり、ここが聞き手の注意を引きつける主題である。

5.5. 情報構造の図

　旧情報・新情報、前提・焦点、主題・題述は、文構成要素が談話の流れのなかで果たすさまざまの役割・関係を示すことになるので、これらを情報役割(information roles)といい、この役割の配列や配分を、情報構造(information structure)という。この情報構造の例を図示してみよう。

```
                A: Did John eat one apple and one orange?
                B: He ate one apple and one pear.
(旧情報・新情報)           旧情報        新情報
                        ─────────────
(前提・焦点)              焦点
                    ───┼ +something
                         前提
                        ─────
(主題・題述)         ─────
                    主題    題述
```

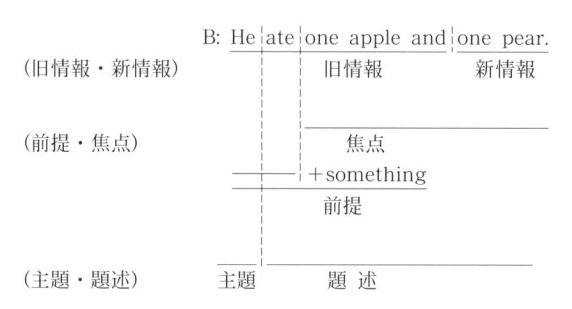

　wh-疑問文では、疑問詞を除く部分は前提であり、旧情報である。疑問詞で尋ねているものが新情報であり、焦点である。また疑問詞が主題、それ以外は題述になる。

```
Whom │ did John beat?
新情報│ 旧情報
─────┼─────
 焦点 │  前提
─────┼─────
 主題 │  題述
```

5.6. 結束性

　複数の文から成る構造には、単一の文における構造とは異なって、結束性(cohesion)と呼ばれる語彙的・文法的なつながりがみられる。

(16) The King immediately fell flat on his back, and lay perfectly still; and Alice was a little alarmed at what she had done, and went round the room to see if she could find any water to throw over him. However, she could find

nothing but a bottle of ink, and when she got back with it she found he had recovered...(Lewis Carroll, *Through the Looking-Glass, and what Alice found there*)

　同じ人、あるいは物をさして、The King → his → him → he, Alice → she → she → she → she → she, a bottle of ink → it というように、代名詞の使用によって文のつながりが作られている。接続詞の and, However を使用することによって、先行するものと後続するものとの関係が明らかになる。時制は過去形・過去完了形が使われて、出来事間のつながりが作りだされる。さらに fell flat on his back → lay perfectly still で意味的に共通点をもつ語によってつながっている。
　このように文どおしがつながっていることにより、文の首尾一貫性が保たれる。そのつながり方の差を次の対話例で考えてみよう。

(17) A: What did Tom break?（トムは何を壊しましたか？）
　　　B: He broke the lock.（彼は錠を壊しました。）

まずこの例では、A の述べた Tom に照応して、B は He という代名詞でこれを受けて応答する。したがって、この A と B の 2 文は代名詞の使用によって、文法的にしっかりと結びつけられており、結束性があるということになる。

(18) A: What did Tom break?
　　　B: Tom broke the lock.

A のことばのなかの Tom を B が繰り返している。A がすでに言及したものを再度繰り返すことは結束性を悪くする。もし B の応答が、結束性を悪くするという危険をおかしてまで、あることばを繰り返すのであれば、B は何か特別なことを A に伝えたいという意図をもっていることになる。そこで聞き手は、この意図解釈を間違いなく行わなければいけない。なお、Tom をたとえば少し形をかえて、that boy などで繰り返すことはよく行われる。

(19) A: What did Tom break?
　　　B: The lock was broken by Tom.

旧情報は文頭に、新情報は文尾に置くというのが、流れの原則であった。ところがこの場合、A ですでに Tom のことが言及されているにも拘らず、これが B の文尾にきている。そして、A が 1 番知りたい、錠を壊したという情報が文頭にきている。これも 2 文の結束性が悪い例である。

(20) A: What did Tom break?
　　　B: Broke the lock.

結束性という点からみたとき、A と B の間は、文法的なつながりに欠ける。したがってこの対話は結束性に問題があることになる。

5.7. 一貫性

1 つ 1 つの文は文法的で、また文を越えて文法的に適切につながっているにも拘らず、テクストあるいは談話のレベルで考えたとき、談話の流れがそこなわれて意味のとりにくい場合がある。これは文がつながっているというとき、単に文法的に適切につながっていることに加えて、何かほかの要因があることを表している。これが一貫性(coherence)と呼ばれているものである。

一貫性は明示的、具体的にことばに表れているものではない。聞き手または読み手が、ことばを頼りに状況を介して、自分の知覚・経験を生かして推論を行って、文と文との間に意味のあるつながりを作りだすのである。したがってこの一貫性は、談話のレベルにおける聞き手の側の問題ということになる。

日常の会話では、話し手の意図していることがはっきりと言明されていることは少なく、むしろそうでないことのほうが多い。さらに結束性に問題がある場合もあるので、聞き手の側に関係するこの一貫性が、重要な機能を果たしていることになる。次の対話でこの点をみよう。

(21) A: Where are the car keys?（車のキーはどこ？）
　　 B: Where is your learner's permit?（仮免許証はどこ？）

Aは疑問文でBに＜質問＞している。これに対する結束性のある応答は、'They are...'である。ところがBは、Aの疑問文に疑問文で応答し、＜質問＞している。これは一見するとAの発話になんの関係もない応答のようにみえ、またグライスの関係の公理にも反する。しかし、AもBも協調の原則は守っていると思われるから、理由もなくわざと不誠実で不明瞭なことはいうはずがないと考えられる。そこでこの会話に一貫性をもたせるためには、BがAの発話をどのように解釈したのかを考えてみればよい。Aが「車のキーはどこ？」と聞くからには、Aは車を運転するつもりであるとBは推測する。ところが、運転免許はおろか、仮免許さえもっていないAに車を運転させるわけにはいかない。そこでBは相手に運転してはいけないのだということを分からせるために、仮免許の置き場所を聞く。相手が答えられないことを質問して、免許をもっていないのだから運転してはいけない、と＜禁止＞の意図で質問していると解釈すれば、一貫性は保たれ、コミュニケーションは成立することになる。

6. 会話分析

　会話分析(conversation analysis)では、自然な場での会話のなかに繰り返しみられるパターンからルールを引きだし、話し手や聞き手がどのように首尾一貫した発話を作りあげているかを考える。会話は基本的に重なりあうことは少なく、会話の参加者はかわるがわる話をする。つまり話し手と聞き手がお互いに役割を交代しながら会話をすすめている。そうなると、参加者は自分が話す番であることをどのようにして知るのであろうか。たとえば次の対話では、話し手が次に話す人を選ぶというはっきりした合図がみられる。

(22) A: What do you think, John?
　　 B: Well, I don't think that was nice.

また話し手が相手に発言権を譲るというより、むしろ終わりにしたいという合図をことば(last but not least...)で送ることもある。このとき声の調子を変えて、声を小さくしたり、速さをゆるめたり、ピッチを低くすることで終わりの合図を送ることもある。話し手が自分の立場を維持したいときには、but, and, therefore などのことばを使用して自分がまだ話し終えていないことを聞き手に伝える。聞き手が次の話し手になりたいときには、相手の順番が終わったときに最初に発言をすれば自動的に新しい話し手になれる。これは、息を吸い込むというような自分の身体の緊張を相手に伝えることによっても可能である。だれも話し手として名乗りでてこないときは、次の話し手が発話し始めるまで沈黙が続くこともある。また最終の話し手が同意や確認を促す短いことばを発することもある。

会話分析で最小の単位となるのは、例文(22)の最初の発話(initiating utterance)と応答の発話(response utterance)の2部からなる交換(exchange)であるが、これは隣接ペア(adjacency pairs)と呼ばれる。3部からなるやりとりは、最初の発話、応答の発話に加えて、フィードバックの要素(element of feedback)からなる。このやりとりは特に教師が生徒に質問し、生徒がこれに答え、さらにこの答えたことばを教師が繰り返す場合に典型的にみられる。

第8章 文体論

古代ギリシャやローマでは、政治や社会活動において口頭弁論は欠かせないものであった。そこで、議論で相手を説得するための話しことばの技術として、弁論術や修辞学(rhetoric)が発達した。語源的には「演説する人」を意味する修辞学は、広く政治や法廷の場での弁論技術であったが、時代とともに弁論が衰退するにつれて、書きことばの技術も重視されるようになり、修辞学は効果的な表現法全般、つまり巧みに話したり書いたりする技術や理論を扱うようになった。そしてこれは、芸術的表現の技術として洗練され、教養科目として中世ヨーロッパから近代へと引き継がれていった。現代では、人を説得したりことばを飾るためだけでなく、私たちの認識を託すためのことばという新しい側面にも光が当てられてきている。これらが、今日の文体論(stylistics)の基調をなしている。ここでは、言語学的な立場から、まず文体論の基本的な概念をみたのち、英語の文体を特徴づけているものをみてみよう。

1. 文体と使用域

「文体(style)」の語源は「とがった書き道具」で、今日では書きことばだけでなく話しことばなども含めたより広い意味で使われている。私たちは、実際にはことばを使う使用域(register)に応じて、異なる文体を使っている。たとえば、時代や地域を反映したことばや独自のことばを使っている人が、一時的には場や相手に応じてことばを使い分けることがある。どのような語彙や表現を選択するかに加えて、通常の表現から逸脱して文体的効果をねらう場合もある。言語使用域は、場(field)・媒体(mode)・スタイル(style)に分けて考えられるが、実際にはこれらが相互に影響しあっている。

1.1. 談話の場

「おでかけですか」「ちょっとそこまで」、'How are you?'/'Fine, thank you.' などは、日頃よく交わされる会話である。しかし、これは情報伝達というよりは、むしろことばを交わすことで心理的なつながりがあることを確かめ合うためのものである。このような儀礼的な挨拶・あいづち・呼

びかけなどは、社会的関係を確立し維持するための、ある意味では機械的な言語使用であると考えられる。これは、交感的言語使用(phatic communion: 交話)として、通常の情報伝達のための知的な言語使用とは区別される。

　知的な言語使用では、その目的により談話の場は細かく分けられる。法律文や科学論文、宗教本や文学作品、広告や新聞などを比較してみれば分かるが、場が違えばそこで使われる用語や文法などにも差がみられる。たとえば、法律文はあいまいにならないように厳密なことば使いが要求されるが、文学作品では作者独自のことば使いが珍重されたり、行間を読みとることが求められたりする。

　新聞の文体を例に考えてみよう。限られた紙面でできるだけ多くの情報を伝えなければならない新聞では、独特の文体が発達している。最初にもっとも重要なことを見出し(headline)として出し、次に書き出し(lead)、そして本文(body)が続く。見出しは読者の目を引きつけるため、できるだけ単純明快にそして大きな文字で書かれる。紙面の関係上、新聞では語の短縮や省略などが多く使われる。特に見出しの動詞の時制は特徴的で、臨場感をだすため過去の出来事に歴史的現在形、未来の出来事には不定詞が使われる。

1.2. 談話の媒体

　使われることばが、話しことばと書きことばで違うのは、講義と論文、テレビ・ラジオと新聞を比較してみればよく分かる。たとえば論文では、俗語・短縮形・1人称主語の使用などをできるだけ避けつつ論理を積み重ねることが求められる。ところが講義では、このような表現の使用はもちろん、聴衆を前に逸脱、繰り返しや言い直しなどが行われ、ときには話が脱線することもある。

　しかしながら現代では、話しことばと書きことばの差は縮まってきており、1人称主語で書かれた論文なども珍しくはなくなってきている。また電子メール(E-mail)に使われることばは、書きことばでありながらも実際には話しことばに非常に近いものである。たとえば単刀直入に本題に入

り、しかも略語・俗語や文法の省略のみならず、文字以外の記号や絵なども盛んに使われている。

1.3. 談話のスタイル

話し手と聞き手の関係(tenor)によっても、言語形式に違いが生じる。ジョーズ(M. Joos, 1962)は、場の改まり度(formality)に注目して、それに対応する言語表現を5種類のスタイルに分けている。それぞれの状況とことばの型の特徴を中心にして、場が改まるほどことばが定型化し、逆に親密になるほどことばがくだけていく点をみよう。

① 凍結スタイル(frozen style)
　a. 演説・説教・印刷用で、問答無用型
　b. 修辞的技巧を凝らした古典的文体
　　In my opinion he is not the man whom we want.
　　Participants should remain seated throughout the ceremony.
　　I should be glad to be informed of the correct time.

② 正式スタイル(formal style)
　a. 準備したスピーチなど、多数の人を前にした一方的情報伝達型
　b. 冷静・高い結束性・明瞭な発音・省略なし・may の使用など
　　I believe he is not the man we are looking for.
　　Those taking part should sit during the proceedings.
　　I should like to know the time, please.
　　May I help you?

③ 協議スタイル(consultative style)
　a. 情報提供し、あいづちなどによる聞き手参加型
　b. yes, yeah, that's right, well などの挿入句の使用など
　　I don't believe he's the man we're looking for.
　　Would you please stay in your seats?
　　Do you have the time on you, please?
　　Can I help you?

④ 略式スタイル(casual style)
　　a. 知人・友人間などのおしゃべり型
　　b. 省略・俗語の多用、come on の使用など
　　　I don't think he's our man.
　　　Don't get up.
　　　What's the time?
　　　C'n I help you?
⑤ 親密スタイル(intimate style)
　　a. 家族・夫婦・恋人同士など、ごく内輪型
　　b. 主要語やその1部の使用による簡潔化、隠語・通語の多用など
　　　'Fraid you've picked a lemon.
　　　Sit tight.
　　　Time?

このなかの協議スタイルと略式スタイルが、公の情報伝達に使われる談話体(colloquial style)である。また同じ談話のなかでは、隣り合ったスタイルに移行することはあっても、1度に2つのスタイルを飛び越えることは慣習的ではない。たとえば初対面では、正式スタイルで始まってから協議スタイルに移るのは自然であっても、一挙に略式スタイルや親密スタイルに変わるのは一般的ではない。

2. 英語の文体

　数ある表現のなかからどれを選ぶかによって、その人の文体が決まる。ときには、その選択の仕方に、その人となりが表れることもある。ここでは、音・語・表現法に分けて、英語の文体にみられる特徴のいくつかをとりあげてみよう。

2.1. 音

　日本語の「大きい／小さい」や英語の large, tall/little, mini を発音してみると、口の開け方が比較的大きい開母音は大きいイメージを、小さく閉じる音は小さいイメージをもつように感じられる。このように、あるイ

メージを音で象徴することを音象徴(sound symbolism)という。音を発声する過程で受ける印象を共感覚的に表しているという点で、音と意味の関係に有契性(motivation)をもつ数少ない現象の1つである。たとえば clank(カラン)と clink(カチン)のように、母音の違いだけで微妙な差を表す。また母音や語頭の子音を少し変えて繰り返す ding-dong(ディンドン)、mish-mash(ごたまぜ)や、teeny-weeny(ちっちゃい)、willy-nilly(否応なしに)などもある。

音象徴が実際の語彙となって表されるものには、自然音を直接模写する擬音語と、その感じを象徴的に模写する擬態語の2種がある。また、模写という機能は同じであっても、使われる言語により、実際の語彙としてはさまざまな多様性がみられる。

2.1.1. 擬音語

犬の鳴き声は、日本語ではワンワン、英語ではバウワウ(bowwow)と表される。もちろんこれは犬の鳴き方が違うわけではなく、それを聞く人によって違ったように聞きとられるためである。つまり、外界の音を自分たちが使っていることばの音韻体系のなかで、切り取り、模倣し、言語化したためである。自然音を直接模写して言語化するには、人間の発声器官の物理的制約とともに、各言語の音韻的制約があるので、擬音語は各言語の音的文体を表したものといえよう。

　鳴き声：yelp(キャン), meow(ニャオ), squeak(チュー), tweet(チッチ), cock-a-doodle-doo(コケコッコー)
　金属音：ring(リン), click(カチッ), clink(カチン)
　水　音：bubble(ゴボゴボ), gulp(ゴクリ), splash(パシャ)
　衝突音：bang(バン), crash(ガチャ), thump(ドスン)

ところで日本語では、擬音語と引用の助詞「と」が一般的な動詞に組み合わされることが多く、擬音の音変化はあまり起こらない。一方英語では、間投詞として使われることもあるが、擬音語が動詞化される場合が多い。擬音が動詞のなかに組み込まれると、動詞の活用変化により、元の自然音からさらにずれてしまうことも多い。

(1) A dog barks. [bɑrks]（犬はワンと鳴く。）
A pig oinked. [ɔiŋkt]（豚がブーと鳴いた。）
A cow mooed. [muːd]（牛がモーと鳴いた。）
The telephone rang. [ræŋ]（電話がリーンと鳴った。）

2.1.2. 擬態語

音以外の動き・形・光などのようすを間接的に音声で象徴したものが、擬態語である。dull（鈍い），slim（ほっそりした），gloom（陰鬱な）などのほか，flitter（ヒラヒラ動く）/flutter（パタパタ動く）のように音の違いで微妙な差を表す。また母音や子音を少し変えながら重ねる、dilly-dally（グズグズ），wishy-washy（煮え切らない），itsy-bitsy（ちっちゃい），Humpty Dumpty（ズングリムックリ）などの例もある。

2.1.3. 韻律

英語の詩の韻律では、強弱や弱強を1単位の詩脚(foot)として、それが周期的に組み合わされてさまざまな格調(meter)が作られる。なかでも弱強格(iamb: ˘ ´)は英語の話しことばにもっとも近い韻律と考えられており、弱強5詩脚(iambic pentameter)は英詩のなかでもっとも多く採用されている詩行である。次のスペンサー(Edmund Spencer: 1552?-1599)のソネットの有名な1節にもこれがみられる。

(2) Ŏne dáy Ĭ wróte hĕr náme ŭpón thĕ stránd;
But cáme thĕ wáves, ănd wáshĕd ĭt ăwáy;
Ăgáin, Ĭ wróte ĭt wíth ă sécŏnd hánd,
But cáme thĕ tíde, ănd máde mў páins hĭs préy.

ここでは脚韻(rhyme)は、strand と hand、away と prey のように1行おきに押韻されている。さらに第2行では、2つのw音が語頭に使われ、さらに away の音とも響きあって、打ち寄せる波が砂浜に書いた恋人の名前を消し去っていくようすが効果的に伝えられている。

2.2. 語

　語の同義性に関してはすでにみたように、異なる語がまったく同じ意味をもつことはほとんどなく、どこか微妙な差をもっている。したがって、いろいろな選択肢のなかから1つの語を選ぶ、その選び方にも文体的効果が現れる。また、同じ人でも場や人に応じてことばを使い分ける。このような語の使い分けを促す要因としては、階級や世代や性別などが考えられる。たとえば、今は昔ほどではないが、イギリス英語におけるU (Upperclass: 上流階級の人)とNon-U (Non-Upperclass: それ以外の階級の人)の語彙の違いがある。Uではdrawing-roomでwomanはtable napkinを使ってcake, pudding, jamを食べるが、Non-Uではloungeでladyはservietteを使ってpastry, sweet, preserveを食べる、というわけである。

2.2.1. 変奏表現

　単調な繰り返しを避けて、同じ指示対象に対する意味づけや描写の仕方の違いを反映した異なる表現を変奏表現(variation)といい、英語では好んで使われる。変奏表現は、ちょうど音楽で1つのテーマが主調となって、その変奏曲が生み出されるのに似ている。たとえばある人を名前で呼ぶ代わりに、その人の職業や地位で呼んだり、年齢や体格、服装や雰囲気などの角度から描写したりする。単なる言い換えだけでなく、情報を付け加えたり、描写の切り口を明示したりして、文体的効果を高めていく。

(3) <u>Ann Adams</u> was a woman of talent. <u>The well-known editor</u> was a very busy woman. There was hardly any time for <u>the supporter of two sons</u> to stay home. One day <u>the mother in a fix</u> asked me to take care of them while she was abroad.

この例では、代名詞の代わりに使われた変奏表現から、Ann Adamsが＜有名な編集者＞と、家庭にあっては＜息子2人の扶養者＞であるのにあわせて、一時的に＜苦しい状況に陥った母＞ということが分かる。

2.2.2. 婉曲表現

あからさまにものを言って相手をいたずらに刺激しないように、遠まわしのことばを選んで使うことがある。このような婉曲表現(euphemism)は、もともとはタブー語を避けようとして、代わりの表現を使ったものである。タブー語は、その対象が神聖なものであれ不吉なものであれ、あるいは不潔なものであれ、敬遠すべきものとして考えられる。そのため、たとえば神を the Lord, the Almighty, Heaven, goodness などと言い換えたり、gosh, Golly などと音を変え直接表すことを避けたりする。またののしり語の damn を使って呪うのを避けて、d-n や d- など、あるいは過去分詞形で d-d と伏せ字にしたり、darn と弱めて使ったりする。

また死・病気など縁起の悪いもの、排泄・性・身体に関する表現などについては、さまざまな婉曲表現が使われる。特に排泄や性に関する卑猥な語には単音節の4文字語が多い。

  die → pass on, pass away, be no more, go to a better world, go west, kick the bucket, decease, depart
  mad, crazy → insane, lunatic, queer
  toilet → lavatory, loo, W.C.(water closet), rest room, washroom, bathroom, powder room, women's room
  go to the toilet → wash one's hands, go to the bathroom

ことばは時代とともに変化し、タブー語もその例外ではない。特に第1次世界大戦後は人びとの意識が変わり、神への冒涜もタブーではなくなってきて、日常会話にも God という語が使われ、damned などは単なる強意語として使われるようになってきている。

2.2.3. PC 表現

社会意識の変化に伴って新しい婉曲表現が使われるようになってきている。たとえば undeveloped countries(後進国)を developing countries(発展途上国)、さらに the Third World(第3世界)と言い換えたりする。特に性別・人種・障害・年齢・貧富・職業などへの差別意識を表す差別語は、政治的正当性(political correctness: PC)が求められ、なるべく中立

的な言い方に言い換えが行われている。たとえば、従来の女性の名前の前に付けられた敬称は、未婚と既婚を区別して Miss と Mrs. に使い分けられてきた。一方男性の場合にはその区別はなく、すべて Mr. である。そこで、女性も1人の自立した人間として同じ待遇が求められ、Ms. [miz] の使用が提唱されるようになった。これは、1973年以降国連でも公式に採用されている。

性別：chairman → chairperson, chair
　　　steward, stewardess → flight attendant
人種：American Indian → Native American
　　　black (in US) → African American
　　　Eskimo (in Canada) → Inuit
障害：imbecile → M.D.(mentally deficient, mentally defective)
　　　disabled → differently abled, challenged
年齢：old → mature, seasoned, senior, chronologically gifted
貧富：poor → low-income, economically deprived, disadvantaged
職業：garbage man → sanitation engineer

しかし、いくらマイナスのイメージをプラスに転換するような PC 表現を作りだしても、それが定着すれば結局機械的に連想がなされてしまい、当初のことばの選択でみられた視点は置き去りにされ、ことばだけがひとり歩きしかねない。たとえば challenged は、physically challenged や optically challenged などのように使われるが、一方では chronologically challenged (=old), horizontally challenged (=fat) や hygienically challenged (=dirty) のように本来の趣旨から逸脱したものなどにも使われることもある。最終的には使い手の意識の問題であるといえよう。

2.3. 表現法

効果的な文体にするためのさまざまな工夫の仕方をみてみよう。

2.3.1. メタファー

相手の知らないことを表すときや、直接指示することばが分からないと

き、私たちは一体どのように表現するだろうか。直接表現できなければ、すでに知っているもののなかから同じような機能や性質をもつものに喩えて表現する。このような比喩表現のなかにあって、直喩(simile)はその見立ての関係を like や as を使って明示する。これに対してメタファーでは、その関係を明示しないで、たとえば恋人を sunshine とずばり言い換えてしまう。つまりメタファーは、あるものを表現するのに、それとよく似た性質や機能をもつものに見立てて表現する代用法である。

たとえば、劇場のカーテンが下りて劇が終わるのになぞらえて、死のことを the curtains と言う。また、the hands of a clock (時計の手→時計の針) などの擬人法も多い。逆に、臆病者は chicken、欠陥のある品や人は lemon と呼ぶ。かなり固定化して陳腐化したメタファーもあるが、その本質は、まったく違う領域のものの間に新しい類似関係を発見することにある。したがって文字どおりに意味を使わないメタファーでは、引き合いにだされるものに対する連想に飛躍や意外性があるほど、文体的効果は高まることになる。ただし、あまりにもかけ離れると理解されにくいし、定着してしまえばメタファーとしての効果は減少する。

2.3.2. メトニミー

メトニミーは、あることばが指示する対象を、その属性、あるいはそれと時間的・空間的に近くて密接な関係にあるものにずらして表現する方法である。たとえば cop は「銅」から、それを材料にした「銅製ヘルメット」、さらにそれをかぶる「警官」へとずらして使われる。メタファーが、指示対象は変わっていないのに表現が変わる言い換えであるに対し、メトニミーは、表現は変わらないがその指示対象が変わってしまう差し替えといえよう。もちろん、いずれの場合においてもそれが可能になるのは、類似性もしくは近接性に基づく連想が認められるからである。

抽象→具象：beauty (美→美人)、power (力→権力者、強国)
具象→抽象：heart (心臓→心)、head (頭→頭脳)
部分→全体：sail (帆→帆船)、longhair (長髪→長髪の人)
容器→内容：bottle (ビン→酒)、purse (財布→金銭)

原因→結果：writing（書くこと→書かれた物）
作者→作品：Picasso（ピカソ→ピカソの作品）

　上下関係にある場合を特にシネクドキ（synecdoche: 提喩）という。これは、同じカテゴリー内の上下関係（種と類）にあるもので差し替える場合である。
類→種：bread（パン→食糧），gold（金→富）
種→類：creature（生き物→人間），drink（飲む→酒を飲む）

2.3.3. アイロニー
　アイロニー（irony: 皮肉）は、ことばの文字どおりの意味と実際に言おうとする意味がうらはらになった、反語的用法である。たとえば、1日中運の悪かった人が What a nice day! と言ったとしよう。その不運な状況を知っている人ならば、それを額面どおりの意味でとったのでは矛盾すると判断し、逆の意味で使ったと解釈するだろう。つまり、アイロニーでは文字どおりの意味を経由するものの、実際にはその逆の意味を表すのである。ここで注意しなければならないのは、的確に文脈が理解できてこそ、つまり現実とことばとの落差に気づいてこそ、アイロニーとして解釈できるということである。

(4) John can resist everything except temptation.（ジョンは何にも負けない。誘惑以外には。）

John は何にも負けない強い人といっておきながら、例外をもちだす。ところがその例外が「誘惑」となると、何にでも負けるということになり、話の構図は180度転換してしまう。このような価値転換をしてこそ、本当の意味にたどりつける。したがって John cannot resist temptation. と単純に言った場合と比較すると、(4)のほうがはるかに効果的になるのである。
　サタイア（satire: 風刺）は、アイロニーがさらに明快な形となって表されたものである。次のオスカー・ワイルドの警句では、「過ち」を「経験」

と言い換えるごまかしを明示的に風刺している。

(5) Experience is the name every one gives to their mistakes.
（人は、自らの過ちを経験と呼ぶ。）

2.3.4. ユーモア
　ユーモア (humour: 諧謔) は、なんとなく面白おかしく、ときには滑稽で思わず笑いを誘ってしまう表現である。そのおかしさは、話がどこかかみ合っておらず、突飛で茶化したところにあり、そのずれが、そこはかとないユーモアをかもしだすのである。アイロニーとは異なり、おかしいなりにも包みこんで受けいれようとしているところに、特有の温かみが生まれる。英語では、このユーモアは特に重視される。次の例では、比較する年齢が分からないので話にならないはずが、妙に説得力があっておかしい。

(6) An Irish notice of reward for an escaped convict: Age unknown; but looks older than he is. （アイルランドの脱走囚の懸賞広告「年齢不詳、ただし実際の年齢よりふけている」）

　ウィット (wit: 機知) は、ユーモアがより明確な意図をもって、それと分かるようにはっきりと表現されたものである。ときには当意即妙な受け答えにみられる。知的なひらめきの所産であり、ときとして辛らつに相手をやり込めることもある。次の『マイフェアレディ』の例では、非難された者が、社会的身分の違いを逆手にとってやり返している。この鮮やかな切り返しにウィットがにじみでている。

(7) PICKERING: Have you no morals, man? （道徳心がないのか、君には。）
　　DOOLITTLE: (frankly) No! I can't afford 'em, Governor. （はあ、そこまで手が回りませんで、旦那。）

2.3.5. パロディ
　パロディ (parody: 戯作) は、ある作家や作品など有名なものを模倣し

戯画化するものである。オリジナルの内容をどのように変え、さらにどのような効果をあげるかで評価を受ける。パロディでは、オリジナルを揶揄したり誇張したり、ときには価値をまったく逆転させたりする。たとえば、ハムレットの崇高な悩み To be, or not to be: that is the question. が、見事な落差をもって To wed or not to wed. や TV or not TV. という悩みに言い換えられる。また、Time is money.(時は金なり。)の格言は、貴重なもののたとえに使われる money を文字どおりにとって、Time is waste of money.(時は浪費なり。)とひねればパロディが成立する。

2.3.6. パラドックス
　パラドックス(paradox: 逆説)は、一見矛盾するようにみえても、実は裏に真理が含まれる言い方である。逆説的に言うことにより、意表をついて印象づけ、間接的に真理を表現する。パラドックスには意味論的・論理的・数学的の3種があるが、意味論的に解決できる「嘘つきのパラドックス」を例に考えてみよう。I'm a liar. と言われたら、嘘つきが本当のことを言っているのか、それとも正直者がわざわざ嘘つきだと言っているかなどと一見矛盾したように聞こえる。しかしこれは、命題の内容＜私ガ嘘ツキデアルコト＞と、その命題が真であるという主張のレベルの違いをふまえることで、矛盾は解決できる。

2.3.7. オクシモロン
　オクシモロン(oxymoron: 撞着語法)は、本来相いれないはずの2つの語句を結びつけることにより、かえって強調する語法である。Make haste slowly.(急がば回れ。)や a living corpse(生きる屍)などのように、論理的には矛盾しているが、意味的には成立するものである。

2.3.8. アンダーステートメント
　アンダーステートメント(understatement, meiosis: 緩叙法)では、rather(=very much)のように控えめに言っているにも拘らず、実際はか

えって意味を強める働きをする。また not a few (=a great number of) や not so bad (=very good) などのように否定がからむと、実は文字どおりの意味以上に広い意味領域まで含んでしまう。

(9) There was a frank exchange of views. (率直に意見交換した。)

(9)はときには、双方が言いたいことを言って結局合意には至らなかったことを控えめに述べることもある。

2.3.9. 誇張法

誇張法(overstatement, hyperbole)は、強意のために故意に誇張した表現をとることである。たとえば、大げさに、million thanks(多謝)で、eternally grateful(永久にありがたがる)なので、forever indebted(いつまでも恩義を感じる)となる。(10)のように、短い間のことであっても何年もと誇張することは日常茶飯事である。

(10) It was ages since I saw you last. (お久しぶりです。)

3. 新しい文体論へ

従来の文体論では、ややもすると文学的または芸術的な表現法の研究という面が強調されていたが、近年認知言語学の発展とともに、特に慣用的なメタファーやメトニミー表現が、実は人間の認知と深く係わりをもつことが指摘されるようになってきた。非慣用的な用法より、むしろ慣用的な用法こそ、意味形成の原動力となり、緊密な体系を形成し、人間の言語に共通してみられる機能をもつと考えられる。

たとえば、構造のメタファーについて考えてみよう。「人生は旅である」(Life is a journey.)は、人生と旅という異なる領域のものに類似性をみいだしたメタファー表現である。しかしそれにとどまらず、人生には「出発点」や「目的地」があり、その間は「長い道のり」で「山」や「谷」や「岐路」があり、ときには気楽に「ひとり旅」をしたり「道連れ」になったり、「一気に駆け抜け」たりするなどという。つまり、これらの表現は

すべて「人生は旅である」という認識から発展しており、人生という抽象的な概念が旅という概念によってさまざまな構造を与えられているのである。このような関係の類似性に基づく構造のメタファーからも、日常性・根源性・体系性・普遍性という特徴が浮かびあがる。まさにこれは、創造的、つまり非慣用的なメタファー以上に、人間の認知に根ざしたことばのネットワークを構成し、拡張しているといえよう。

　このような慣用的技法に新しい光を当てることにより、趣向を凝らした特別な文学的技法から、卑近なあるいは無意識的な認識法へと、いわば研究対象の座標の転換が始まっている。

― 鳴いているのは何？ ―

　次のマザーグースで鳴いているのは何か考えて、詩を完成させよう。

　Bow-wow, says the _____,
　Mew, mew, says the _____,
　Grunt, grunt, goes the hog,
　And squeak goes the _____,
　Tu-whu, says the owl,
　Caw, caw, says the _____,
　Quack, quack, says the _____,
　And what cuckoos say you know.

第9章 コミュニケーション

英語の communicate(伝達する)の語源はラテン語で、「他人と分かち合う」を意味する。その名詞形である communication(コミュニケーション)はさしずめ、何かを分かち合う行為ということになるであろう。ここでは、まず動物間のコミュニケーションをとりあげ、次に人間のコミュニケーションで、手段が非言語による場合と言語の場合を概観し、さらに動物と人間のコミュニケーションの相違点をふまえて、人間のことばの特性をまとめてみることにしよう。また最近のコンピュータを使ったコミュニケーションの特徴もとりあげてみよう。

1. コミュニケーションの成立条件

　コミュニケーションが成立するためには、どのような条件が必要であろうか。まず考えられるものは、分かち合われるもの、すなわち情報内容で、これは「メッセージ」と呼ばれる。次にこれを送る送り手(話し手)と受ける受け手(聞き手)という「参加者」が必要である。独り言のように、この送り手と受け手が同一の場合もあるし、また受け手が単数のときも、複数のときもある。さらに、送り手がこの情報内容を受け手に送る手段、すなわち「媒体」が必要である。人間の場合は、基本的にはお互いが理解できることばを使うが、そのほかに身ぶり手ぶり、あるいは手旗や太鼓などを使って伝達することもある。これを図に表すと次のようになる。

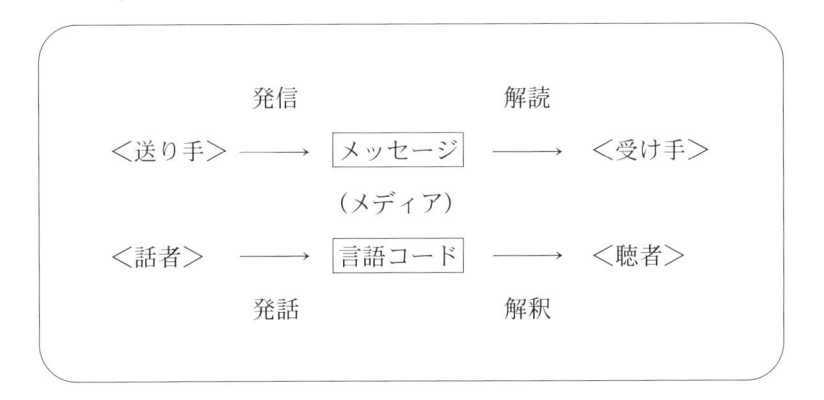

```
            発信              解読
<送り手> ──→ メッセージ ──→ <受け手>
            (メディア)

<話者>  ──→ 言語コード ──→ <聴者>
            発話              解釈
```

2. 動物のコミュニケーション

　動物のコミュニケーション行動は、視覚・聴覚・嗅覚によるものなど、いくつかのパターンに分けられる。

① 嗅覚的な「ことば」

　昆虫類のことばとして代表的なものは、フェロモンといわれる匂い物質である。これはたとえばアリなどが、エサや巣の場所を仲間に知らせるときに使われる。また、哺乳類のイヌやシカなどがなわばりを示すときにも使われる。

② 視覚的な「ことば」

　動物は動作・姿勢・表情などによって、相手を威嚇したり、相手への服従やあるいは求愛を示すことがある。また体の形・色・模様が重要な働きをすることもある。たとえばカモメは、くちばしを前方に突き出すと攻撃を表し、真横に向けると相手の攻撃をなだめていることを表す。また、哺乳類に共通してみられる顔の表情の1つとして、鼻にしわをよせキバを見せることがあるが、これは威嚇を示す。また、トゲウオの求愛・配偶行動は、視覚的な色彩信号と一連の身体行動から成り立つといわれる。

　昆虫のコミュニケーションのなかで、もっとも複雑な構造をもつものは、ミツバチのダンスであるとされている。このダンスは、円形・カマ型・尻振り型の3つに分類される。どの型のダンスをするかは、巣と蜜との距離によって決まる。蜜のありかを見つけてもどってきた働きバチは、蜜が近ければ円を描くダンスをし、それより遠くなるにつれ、カマ型、尻振り型のダンスをする。また特定のダンスを行う回数と、その活発さによって、蜜の質についての情報を伝達する。カマ型のダンスは、蜜の方向をも知らせ、尻振りの場合は、さらに蜜までの正確な距離まで伝えることができるといわれている。それぞれを図示してみよう。

▼円　形　　　　▼カマ型　　　　▼尻振り型

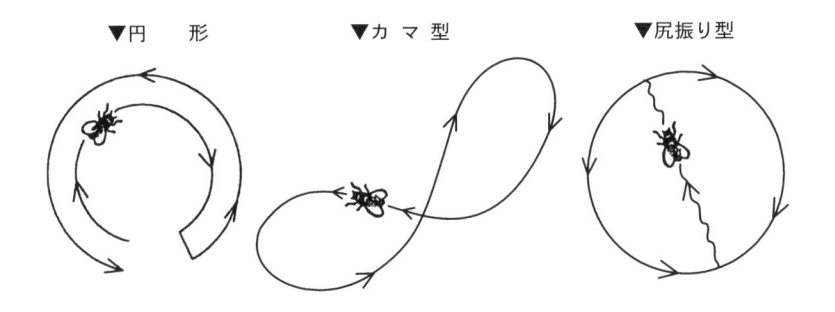

③ 聴覚的な「ことば」

　キツツキなどのように、動物が自分の体と体以外のものを使って出す音信号、コオロギのように自分の体の部分をこすり合わせて出す摩擦音、セミのように体の1部を振動させて出す音などは、誘引信号の働きをする。

　動物の出す音は、その音量・高低・音色の組み合わせにより、さまざまな働きをする。たとえばセミは、高く澄んだ音と、低く濁った音を組み合わせることによって、求愛信号を送る。

　サルは種類により、約10〜40種類の音声を使い分けて、仲間とコミュニケーションを図るといわれている。鳴き声のなかには、長くて大きい音・短くて高い音・急激に音の高さが変わる音・うなり声などが含まれ、なかには音節に分けることができるものもある。その機能は、ほかのものを攻撃したり、脅したり、外敵への警戒を仲間に伝えたり、防衛したり、とさまざまである。またイルカが人間には聞こえない超音波を発して仲間と連絡をとることは、広く知られている。

3. 人間のコミュニケーション

　人間による伝達行動の手段は基本的にはことばであるが、人間はことばを使うと同時に、声の調子・身ぶり・手ぶり・顔の表情などを交えて、さまざまな意味を伝えることができる。この伝達手段は、言語的（verbal）なものに対して、非言語的（non-verbal）なものとして区別される。人間の態度や性向を推定する際に、ことばによって判断される部分はわずかで、

大部分は非言語的なものによるともいわれる。したがって人間のコミュニケーションのしくみを理解するには、この非言語的側面からのアプローチも大切となる。非言語的伝達行動はさらに音声的なものと、非音声的なものとに分けられる。言語的コミュニケーション (verbal communication: VC) と非言語的コミュニケーション (non-verbal communication: NVC) の区分は次のようにまとめられる。

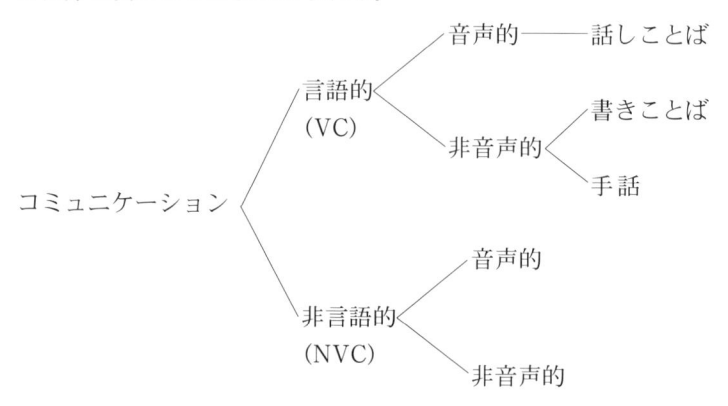

```
コミュニケーション ┬ 言語的(VC) ┬ 音声的 ── 話しことば
                   │           └ 非音声的 ┬ 書きことば
                   │                      └ 手話
                   └ 非言語的(NVC) ┬ 音声的
                                   └ 非音声的
```

3.1. 言語的コミュニケーション

　VC はふつう、話しことばと書きことばに分けられるが、上で示したように、手話 (sign language) もこのなかに含まれる。手話は、モールス信号や手旗信号と同様、NVC の手段としての身ぶり・手ぶりとははっきり区別されるものである。送り手が文字を書く代わりに指で文字を作って伝達を行うので、話しことばの音素の代用を果たす記号であるといえる。身ぶり・手ぶりよりはるかに体系的で、広い意味内容を伝えることができる。

　手話はことばと同じくらい複雑な構造と機能をもつといわれ、その種類は約 4000 あるとされているが、構成のしかたや配列規則によって、複雑な意思伝達が可能である。ここでは、アメリカ式手話 (American Sign Language: ASL) の例として、ギブソンの戯曲『奇跡の人』(*The Miracle Worker*) から、アニー・サリバン (Annie) が初めてヘレン・ケラー (Helen) に手話を教える部分を引用して、同時にその指文字も図示してみよう。

Annie: Let's begin with doll.
(She takes Helen's hand; in her palm Annie's forefinger points, thumb holding her other fingers clenched.)
  D.
(Her thumb next holds all her fingers clenched, touching Helen's palm.)
  O.
(Her thumb and forefinger extend.)
  L.
(Same contact repeated.)
  L.
(She puts Helen's hand to the doll.)
  Doll.

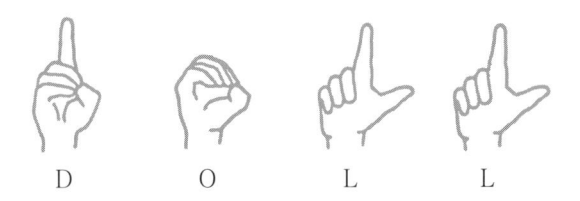

3.2. 非言語的コミュニケーション

　NVCは音声的なものと、非音声的なものに分けられる。音声的なものには、話しことばにみられる強調アクセントやイントネーションなどの韻律 (prosody) と、声の質 (ねこなで声、ささやき声、あらたまった声など)・声量・話す速さなどの周辺言語 (paralanguage) が含まれる。この音声的なNVCによって、話し手の心理状態が明らかになったり、発話の意図が一層明瞭になったりする。また声を小さくしたり、低めたり、スピードをおとしたりして、聞き手に対話への参加を促すこともできる。
　一方、非音声的なものには、動作・外観・接触・空間のとり扱いなどが含まれる。

① 動作
　a. 顔の表情
　　顔の表情によって、話し手の感情や、聞き手に対する心的態度が伝えられる。あるいは聞き手の表情から情報内容の理解度なども伝わることがある。また VC のメッセージを補強したり、それと反対の意味を伝えることもできる。無意識になされることが多いが、意識的な場合もある。
　b. 目の動き
　　「目は口ほどにものをいう」といわれるように、アイ・コンタクトによって数多くのメッセージを伝えることができる。たとえば目線をどこにおき、どのくらい、どのように交わらせたりするかなどによって、伝達される内容も変わってくる。対話時における目の機能として＜話す・聞くの交替時期を調整する＞＜相手の反応をモニターする＞＜意志を表示する＞＜感情を表現する＞＜当該対人関係の性質(互いに相手との関係をどう評価しているか)を伝達する＞などがあげられる。これらは性別・対人関係・文化・話題・その場の状況など、さまざまな要因によって異なる。
　c. ジェスチャー
　　主として手や腕などの意図的動きをさし、「さようなら」の代わりに手を振るように、ことばの代わりをすることもある。また野球のサイン・運転者同士の合図のように、ことばによる伝達が困難な場合に用いられることも多い。このほか、進路の指示・握手・口笛・拍手などがある。文化によって異なったり、学習しなければ身につかないことが多いが、われわれは日常的にこれを使ってメッセージを交換している。
　d. 姿勢
　　コミュニケーションの場でとる身構え・態度などをいう。たとえば、相手に同意しているとか、親近感を感じていることなどを伝える。
② 外観
　服装・化粧・ヘアスタイルなども年齢・性・社会的地位・職業・知性・

個性などいろいろなことを伝達する。しかも私たちは、他人のさまざまな属性を外観によって判断する傾向をもっている。外観が伝達する意味については、一定の社会的規範が存在するといえる。

③ 接触

接触をとおして伝達されるメッセージは数多くあり、共感・慰め・親しみ・優越感・関心の深さ、ときには敵意など、相手との係わり方を伝える。特に親密な人間関係においては、身体接触がコミュニケーションの1部として利用されることが多い。

④ 空間

アメリカの文化人類学者ホール(E. T. Hall, 1966)は、人間が空間をどのように知覚するかを、多くの事例を観察して明らかにした。特に対話者間の距離はその人たちの相互関係のあり方に関して、一定の情報を伝達しているとする。ホールはアメリカ人のとる個体間の距離を4つに分類している。

a. 密接距離(15〜45cm)：愛撫・格闘・慰め・保護など、実際に身体接触が行われる距離のことで、そのためことばによるコミュニケーションの占める割合は少なく、音声は「ささやき」の形をとることが多い。そこに親密でない人が侵入すると、脅威を感じる。

b. 個人的距離(45〜120cm)：個人的なつきあいをしている友人同士などがとる距離。自己と他者との間に恒常的に保つ空間で、小さな防護領域である。声は中くらいで、私的な事柄が話される。

c. 社会距離(120〜360cm)：個人的でない用件が行われる距離。たとえば商取引その他のフォーマルな会話、あるいはクラスメート同士や社交上の集まりにおける友人同士の会話の場合などである。注視が必要かつ重要になり、オフィスの机、レストランのテーブル、応接カウンターなどはたいていこの距離がとられる。

d. 公衆距離(360cm〜)：講演者と聴衆の間でとられるような距離で、人同士は近づいていないが、何らかの形でお互いの存在を社会的に

認識している。この距離では、使われる語句も注意深く選択され、文体もよりフォーマルなものへと移行する。身ぶり・姿勢・声の調子・テンポなどにも細心の注意が払われる。

ここでNVCの特徴をまとめてみよう。
① ことばとそれが表す意味の関係は恣意的であるが、NVCでは、その関係の多くは自然的・有契的であり、文化に固有の場合もある。
② 話しことばでは1つ1つ連続的に発音され、書きことばでも書いていく方向は、上から下、左から右へなどと線条的な連鎖を構成するが、NVCの場合はふつう身体各部から同時的・多重的に発せられる。
③ NVCの場合は、ことばより多くの労力を要し、しかも伝達範囲がある程度限られる。
④ NVCはVCに比べて構造性に欠ける。

4. ことばの特徴

チンパンジーに人間のことばを教えて、コミュニケーションを図ろうとする実験が、さまざまに試みられてきているが、コミュニケーションの成立条件からみれば、問題がないわけではない。人間のことばを教えると、チンパンジーは人間がことばを使って送った伝達内容を理解することができる。この面だけをみていると、完全なコミュニケーションの形態になっているようにみえるが、逆方向のコミュニケーション、つまりチンパンジーのほうから人間に向けての働きかけは非常に限られている。

人間のことばによるコミュニケーションを動物相互のコミュニケーションと比較して、ことばの基本的特徴をまとめてみよう。

① 超越性
人間は発話時における事象だけでなく、過去の事象や未来についての予測、仮定上の事柄も表すことができる。またあることを否定したり、嘘をつくこともできる。さらに発話者とは関係のない第3者の感情や考えも伝えることができる。このように人間は、時間的・空間的に隔

たったことでもそれを超越して伝えることができる。この特性のために、人間は空想や創造の世界も語ることができるのである。これに対して動物は直接目の前にある出来事しか伝えることができない。

② 創造性
人間のことばでは、常に新しいことを伝達することが可能である。それまでに経験したことのないようなどんな新しい事態や事物に出会っても、無限に表現できるし、また聞き手も新しい表現を理解する力をもっている。

　動物の場合には、その表現手段はかなり制限される。動物のことばでは、さし示すものが特定の対象に固定されており、新しい状況に対処できない。またたとえ新しいことばを作りだすことはできても、人間の場合のように無限というわけにはいかない。

③ 恣意性
ことばとそれがさし示すものとの関係は必然的なものではなく、たまたまそうなったものであり、なんの根拠もない偶然的なものである。日本語のイ・ヌという音連続で表されるものが、英語では dog[dɔg]、フランス語では chien[ʃjɛn]という音連続で表されるわけであるから、音とそれが表すものとの結びつきは、恣意的きまりによって成り立っている。ただし、擬音語・擬態語と呼ばれるものはある程度相関関係をもつ。たとえば「ポンとたたく」という表現を聞いた日本人は、どのようなものをどのようにたたいたかについて、ほぼ同じことが想像できる。またこれを英語で表すと pat となり、語頭音も同じ音[p]となる。

　一方動物の場合は伝達しようとする内容と現実の信号との間には、強い結びつきがみられることが多い。

④ 構造性と規則性
ことばの単位として、1番小さいものは音素である。このレベルでは、

音素が一定の規則に従って組み合わされ形態素ができる。この形態素が語形成ルールによって組み合わせられ、語というより大きな単位ができる。さらにこの語が規則性をもっていくつか組み合わせられ、句ができる。さらに句の結合により、文というより大きな単位ができあがる。

ことばは、このようにおのおのの単位のレベルで、一定の規則に従って結合されたものが、より大きな単位へと組み込まれていき、その結果作りあげられたものである。規則に合わないものは、それぞれのレベルで排除される。たとえば日本語の音レベルでは、[atama]の音連続は認められても、[aaatm]は規則に合わないので排除される。文レベルの「頭-を-たたく」はいいが、「頭-に-たたく」は許されない。また語順として「たたく-を-頭」はおかしい。このように、音連続の規則性・助詞の使い方の規則・正しい語順の規則などに照らし合わせて、文が作りあげられる。

⑤ 相互性

人間はコミュニケーションを図るとき、話し手にも聞き手にもなることができ、自由にその役割を交換して、伝達行動に参加している。この相互性は、動物間のコミュニケーションにおいては、常にみられるわけではなく、むしろ一方通行であることが多い。

⑥ 文化的伝承

人間のことばは遺伝によって受け継がれるものではなく、それが話される社会で生活することにより学習され、獲得されるものである。このように、1つの世代から次の世代へと、文化をとおして受け継がれていくことを「文化的伝承」という。一方動物の伝達体系は遺伝的に備わっており、学習されるものはきわめて少ない。

世界のあらゆることばは、これらの特徴をすべて備えた複雑な構造をもっており、原始的なことば、あるいは欠陥のあることばというものはない。

5. コンピュータによるコミュニケーション

　近年電子メディアという新しいコミュニケーションが急速に普及した。そのなかでも電子メールで使われることばは、書きことばでありながらも、実際には話しことばに非常に近いもので、いわば話しことばと書きことばの「ハイブリッドことば」ということになる。コンピュータを立ち上げれば、時間に関係なく、瞬時に地球の裏側の人たちとでさえ交信ができるわけであるから、まるで相手がすぐそばにいるような感覚でメールのやりとりが行われる。そこでことばはインフォーマルになり、短く、口語的になる。単刀直入に本題に入り、しかも略語・俗語が多用され、文法の省略などが盛んに行われる。極端な場合、記号や絵などで代用されることもあるが、これはエモーティコン（emoticon）とも呼ばれる。記号を組み合わせて、笑顔・泣き顔・怒った顔・謝る様子などが自在に表現される。

　洋式のエモーティコン
　　　:-)　　　regular smile（ふつうの笑顔）
　　　:-))　　 very happy（大変幸せ）
　　　:-(　　　sad（悲しい）
　　　;-)　　　wink（ウインクする）
　　　:,(　　　crying（なきべそ）

　日本式のエモーティコン
　　　(^_^)　　ふつうの笑顔
　　　(^o^)　　嬉しい
　　　(T.T)　　泣いている
　　　(*^_^*;　ごめんなさい

その他一般的に情報添加のときに使われる記号もある。
　　　＞　引用
　　　＃　（文章の冒頭で）必須のことではないが

▼エモーティコンで作ったクリスマス・カード

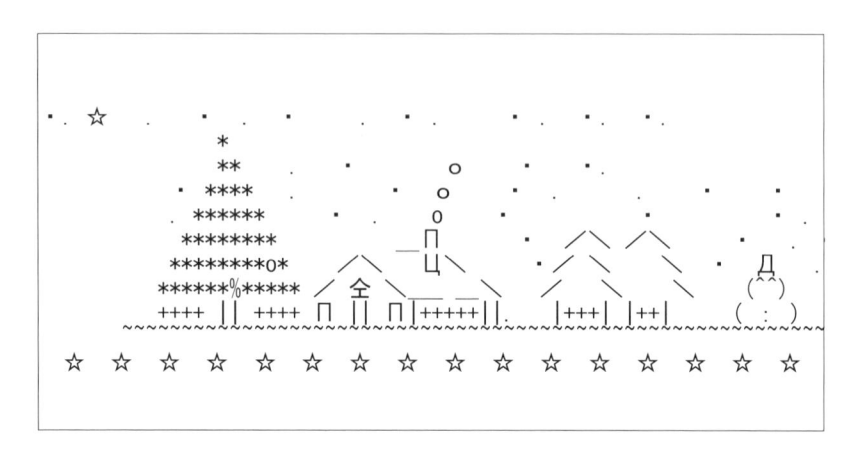

```
    .   ☆
             *
            **                  o
        . ****                 o
         ******             _□_            .
     .  ********         _/_◻_\_        /\                  .
       ********o*      _/__◻__\_       /  \           .
    . ******%*****    /___全___\     /    \              Д
      ++++  ||  ++++  ||   ||  ||   |+++|   |++|        (・・)
    ~~~~~~~~~~~~~~~~~~~~~~~~~~~~~~~~~~~~~~~~~~~~~~~~~~~~~~~~
     ☆   ☆   ☆   ☆   ☆   ☆   ☆   ☆   ☆   ☆   ☆
```

　ここで、電子メールを書くときのポイントをまとめておこう。

① 電子メールは簡単にす早くしかも頻繁に交換できるので、文章はできる限り短く、重要で関係のあることだけを簡潔に書く。

② 電子メールでは機能性や効率が重視されるので、手紙というより、情報メモのように扱われることが多い。そこでメールの目的を明確にし、文頭で目的や主題を提示したあと、解説や例を続ける。

③ 電子メールは不特定多数の目に触れることが多いので、間違いを必ずチェックし、正確なものを送信する。

④ 特にビジネスの世界で使用されるメールには、一定の文書スタイルがあり、それなりに守るべきルールやネチケット (netiquette) があるので注意を要する。

⑤ コンピュータの特質をいかして、下線・太字・斜体字などを使用して、視覚的にインパクトのある文を書いたり、ユーモアのセンスをいかして、エモーティコンなどを効果的に使用して、相手との心理的距離をせばめることもできる。ただしインフォーマルになりがちなので失礼にならないように適度な丁寧さを保ち、相手の立場を思いやりながら書く。

第10章　人間・社会・文化

これまでの章は言語そのもの、あるいは言語とその使用者である人間との関係について論じてきた。この章では言語を使う人間を中心にすえ、言語をとりまく周辺諸分野にまで視野を広げてみたい。

1. 言語と心

　人間のもつ驚くべき言語能力について理解を深めるためには、脳がどのように言語を制御しているかということも知っておく必要がある。ここでは人間の言語能力と脳の関係、すなわち脳が言語をたくわえたり使用したりするしくみについて、みていくことにする。

1.1. 言語習得

　子どもはどうして苦労なしに、しかも生まれて数年で母語を身につけることができるのであろうか。

1.1.1. 母語

　子どもの言語習得をめぐっては、経験主義(empiricism)と合理主義(rationalism)という考え方がある。経験主義は、子どもがことばを習得できるのは、おもに子どものときに受けた模倣と強化という経験の積み重ねによるもので、すべて周囲の大人たちや環境からの刺激の繰り返しをとおして後天的に達成されたものであると考える。これに対して合理主義や、それをさらに発展させたチョムスキーの生得説は、言語訓練によって習得されるものはさほど多くはなく、子どもが複雑な言語の体系を5～6年という短期間で完全に習得できるのは、もって生まれた言語習得の能力、すなわち言語習得装置(language acquisition device: LAD)を備えているからであると考える。

　子どもの文法は生後1年ほどで1語文から始まり、それが2歳前後に50語くらいの単語を習得して2語文、3語文へと発展していき、まもなく4～5語からなる文を発話するようになる。そして5歳くらいで、自分の考えのほとんどをことばで表せるようになる。また発音のほうは、一般に生後5ヶ月ぐらいから[ba][pa][ma]のように母音では低母音、子音では

両唇音や鼻音から習得していき、5歳頃までには母語の音韻体系をほぼ習得する。このような初期発達の様相は、どの言語社会においてもかなり一様であり、しかも初めの頃に覚えたことほど忘れにくいといわれる。こうしたことは、言語が人間のもつ普遍的・生得的特質に根ざすという考え方に有利な根拠となるが、これは次のように表すことができる。

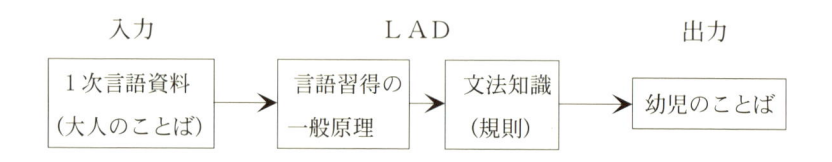

```
   入力              L A D               出力
┌─────────┐   ┌─────────┐┌─────────┐   ┌─────────┐
│1次言語資料│ → │言語習得の││文法知識 │ → │幼児のことば│
│(大人のことば)│   │一般原理 ││(規則)  │   │         │
└─────────┘   └─────────┘└─────────┘   └─────────┘
```

1.1.2. 外国語

　子どもの年齢と言語習得の能力は密接に関連している。海外に移り住んだ場合、幼い子どもほど現地のことばを簡単に覚えるのをみても分かるように、子どもと大人の言語習得能力には差があると考えられる。人間はある年齢を過ぎる頃から外国語習得能力が低下し始めるといわれ、大人になって外国語を習う場合は、忍耐と努力を積み重ねても、短期間に習得することは難しい。また母語の場合はほとんど白紙の状態から始めるのに対し、外国語の習得は母語による干渉(interference)によって困難になるともいわれる。したがってその外国語と母語との関係、すなわち両言語間の差違の程度も、習得の難易に関係してくることになる。

1.1.3. 臨界期

　幼児の言語発達は脳の成熟に伴う過程で、脳の十分な発達が終わる10代前半の思春期には、言語習得の適性もめだって衰える。幼児期から思春期にかけては、言語習得のうえではきわめて重要な時期であり、特に臨界期(critical period)と呼ばれる。子どもがある言語の正常な母語話者としての能力を身につけるには、この時期にその言語を学習しなければならない。それを過ぎてしまうと、その後の言語習得に多くの困難が生じる。子ども時代に人間社会から隔離されて言語に触れなかった子どもは、のちに

なってから言語を学習するということができなくなることもある。1970年にアメリカで、それまで言語的な刺激を実質上まったく受けなかった13歳の少女が発見されたが、11年間熱心に教えても、言語能力は正常にはならなかったと報告されている。

1.2. 脳のつくり

　脳の中で、話されたことばや文字で書かれたことばを理解したり、自分の伝えたいことを表現する機能をもつ場所を言語中枢といい、大脳皮質の特定の部位を占めている。脳は、右半球・左半球という2つの部分に分かれており、それが脳梁（のうりょう）と呼ばれる神経繊維の束でつながれて、2つの半球間で互いに交信できるようになっている。

▼言語中枢

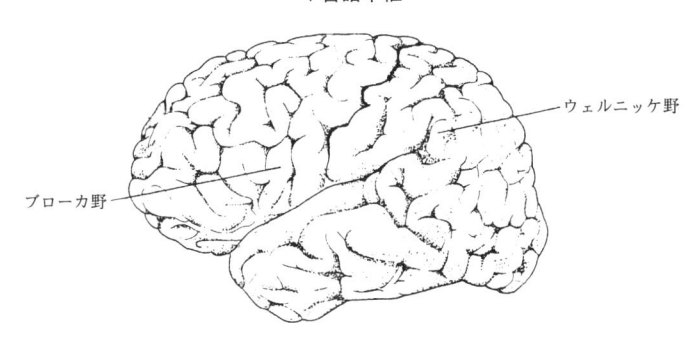

　脳の各半球はそれぞれ個別の機能をもっているが、言語を支配し、言語処理にたずさわるのはおもに左半球で、そのため言語球とも呼ばれる。特に、感覚性言語中枢（ウェルニッケ野）・運動性言語中枢（ブローカ野）などが重要である。ことばは、耳から入ってくる言語音を大脳の感覚性言語中枢で認知・把握し、記憶・保持される。その記憶したもののなかから、状況に応じたことばを選びだし、運動性言語中枢から、発語器官を支配する運動中枢をへて、発語器官が連携して言語音が表出される。

1.3. 失語症

　言語中枢の障害によって、ことばを話したり、理解したり、読んだり書

いたりする能力の1部または全部が失われた状態を、失語症(aphasia)という。失語症は障害を受けた脳の部位によって、いくつかの種類に分けられる。

1.3.1. ブローカ失語

　ブローカ失語はブローカ野の損傷によって生じるもので、表出性(運動性)失語とも呼ばれる。人の話を理解することはできるが、自分の考えを表現したり、流暢に話すことができない。話しをしようとすると、ぎこちなくとぎれとぎれになり、単語の繰り返しが多くなる。

　　Yes—ah—Monday ah—Dad—and Dad—ah—hospital—and ah—Wednesday—Wednesday—nine o'clock and ah Thursday—ten o'clock ah doctors—two—two—ah doctors and—ah—teeth—yah. And a doctor—ah girl—and gums, and I. 　　　　　　　　　　(Trask, 1999)

1.3.2. ウェルニッケ失語

　ウェルニッケ野の損傷によって起こるのがウェルニッケ失語で、受容性(感覚性)失語とも呼ばれる。ブローカ失語によるおもな症状が表出面での障害であるのに対して、この失語による主な症状は、理解面での障害である。話すこと自体は難しくないが、支離滅裂なことや無意味なことを流暢にしゃべる傾向がある。また遠回し表現を使うことも多い。

　　If I could I would. Oh, I'm taking the word the wrong way to say, all the barbers here whenever they stop you it's going around and around, if you know what I mean I mean, that is tying and tying for repucer...repuceration, well, we were trying the best that we could while another time it was with the beds over there...

　　　　　　　　　　　　　　　　　　　　　　　　(Trask, 1999)

　しかしながら、上の2つの失語症の症状がある程度混合していて、明確に診断できないものも多く、2つの失語症の重い症状があわさった全失語もある。

　失語症の患者がことばを忘れていく経過を観察すると、発音・語彙・文

法などのうちで早い時期に習得するものは最後まで残っており、遅く習得するものほど早く忘れがちであるといわれる。つまり、言語習得と失語症は同じ過程を逆にたどることになる。脳と言語の関係について、言語学と神経科学の距離は近年著しく狭まっており、失語症のデータを文法理論に応用して、人間の心の構造と機能を解明する試みも行われている。

2. 言語と社会

あらゆる社会活動は言語によるコミュニケーションによって支えられている。しかし、同じ言語を使えさえすればだれにでも十分意志が伝わるというわけではなく、そこには社会的・文化的な要素が係わっている。言語の分析には人間関係の要素を考慮することが重要であり、実際の場面における言語の運用や対人関係の要素、すなわち社会的な要素を抜きに行うことはできない。 同じ英語でも、地理的にさまざまな変種があることは第1章でみたとおりである。しかし言語の変種は、そのような地理的な要因だけでなく、人種・性別・階級・年齢・職業などによっても作りだされ、これを社会方言という。ここでは、言語の多様性を生む社会的な要因についてみていくことにする。

2.1. 人種

言語と人種の結びつきの例として、黒人英語をとりあげてみよう。黒人英語といっても、すべての黒人ではなく、教育を受けていない下層階級の黒人の話す英語をさすので、BEV (Black English Vernacular) とも呼ばれる。

2.1.1. 黒人英語のなりたち

黒人英語は、17世紀に入って西アフリカや西インド諸島で生まれたピジン英語がアメリカに伝えられ、改めて英語と接触してクレオール化したものであるといわれる。

2.1.2. 黒人英語の特徴
① 発音
   a. 二重母音の長母音化
      [ai]→[ɑː] is<u>la</u>nd　[ɔi]→[ɔː] b<u>oi</u>l　[au]→[ɑː] p<u>ou</u>nd
   b. th の発音の変化
      語頭の[θ], [ð]がそれぞれ[t], [d]になる
      [θ]→[t] <u>th</u>in, <u>th</u>ing　[ð]→[d] <u>th</u>at, <u>th</u>en
      語末の[θ]が[t], [f]になる
      [θ]→[t] mon<u>th</u>　[θ]→[f] dea<u>th</u>, too<u>th</u>
      語中の[ð]が[v]になる
      mo<u>th</u>er
   c. 語末の[d], [t], [l]が発音されない
      cold→col', past→pas', tool→too'
② 文法
   a. 主格・所有格に目的格を使用: me (my) book
   b. 名詞の所有格の 's の省略: boy (boy's) school
   c. 3人称・単数・現在の語尾の -s の省略: He miss (misses) you.
   d. 文中のつなぎとして働く be 動詞の省略: My brother [is] sick.
   e. 否定形として don', ain', didn'を使用: I ain' (didn't) go there.
   f. 多重否定の使用: He ain' give me no food.

2.2. ジェンダー

　生物学上の性に対し、社会的・文化的につくられた男女の性別をジェンダー(gender)という。このジェンダーの違いもことばの変異を引き起こす重要な社会的要因の1つであり、レイコフ(R. Lakoff, 1975)の研究などがさきがけとなって、最近大いに注目されている問題である。一般に女性は男性より保守的で、社会的に評価の高い形、すなわち標準的な発音や正しい文法を使用しようとする傾向があるといわれる。

2.2.1. 女性英語の特徴

女性の用いる英語の特徴とされるものをまとめてみよう。

① 語彙

日本語は男ことば・女ことばのように男性・女性特有のことばがある言語として知られている。これに対し英語は性による語彙の差は少ないが、女性が特に好むといわれる語がある。

- a. ファッション・料理・装飾関係の分野の語彙
    beige, mauve, lavender, shirr, dart
- b. あまり意味のない、感情的な形容詞
    adorable, charming, cute, darling, divine, fascinating, sweet, gorgeous, pretty
- c. 女性の so (feminine so)
    I like it so much.
- d. 垣根表現 (hedge: 直接的な断定を避けたつなぎの表現) や緩和表現
    you know, well, kind of, sort of, more or less, like, I guess, I mean, I wonder
- f. 感嘆表現 (男性のきついののしりことばに対し、柔らかい言い方)
    Oh dear! My goodness! Fudge! Dear me!

② 発音

- a. より伝統的な、あるいは正しい発音を好み、子音の脱落や多重否定を避ける傾向が強い。
- b. 男性よりも高低 (ピッチ) の幅が大きく、大きなピッチの変化を用いることが多い。
- c. 平叙文でも疑問文のように上昇調を用いる。

③ 文法

文法的特徴として、付加疑問・法助動詞・直接引用の多用などが指摘されているが、これも普遍的な特徴として、男性よりも標準的な形を使うことが多いという点がみられる。次の表はアメリカのデトロイトで行われた多重否定の使用についての調査である。

	上流中産階級	下流中産階級	上流労働者階級	下流労働者階級
男	6.3%	32.4%	40.0%	90.1%
女	0.0%	1.4%	35.6%	58.9%

(トラッドギル, 1974)

I don't know nothing. のような多重否定は準標準的であり、高い社会階級ほどこの形を用いる頻度が減るが、どの階級においても女性の方が標準形を用いる割合が多いことが分かる。

④ 会話スタイル

会話では女性の方が協力的で、話す順番を意識し、話題を変えるマーカーや断定を避けるつなぎのことばを多用する。これに対して男性は、競争的で支配的である。概して男性が情報中心であるのに対し、女性は情報よりも相手との心理的つながりを大切にする。男性にとって会話は、自分のもつ知識・能力・情報を示すことによって自分の立場を守ったり、改善したりすることである。これに対し、女性は相手と似たような経験や考えを話すことによって連帯感・親密感を作りだすことを目的とすることが多い。したがって男性の方が人の話をさえぎったり、反論したり無視する頻度が高い。また、女性の方がおしゃべりだという社会通念とはうらはらに、男性の方が発言の回数や量が多く、話題を転換する頻度が高いことも知られている。

このような特徴の原因として、女性の方が社会的な地位を気にするので、上の階級の形を使うことで権威を得ようとするからであるとか、丁寧なことば使いによって対人関係を円滑にしたいという気持が強いからであるなどといわれている。これには、社会のなかでの女性の果たす役割や、その地位の不安定さが関係しているといえよう。

また脳の働きという面からも男女の違いの分析が行われている。女性の脳梁は男性よりも太いので、左右の半球のやりとりがひんぱんに、しかも早くできる。また男性が左脳だけを働かせて話すのに対し、女性は両方の脳を働かせて話す。そのため男性は脳の左半球を損傷するだけで言語障害になるが、女性は左右の半球に傷がつかないと障害は起こらない。このよ

うに女性の脳の方が効率よく働いており、より複雑な発話行動を行うことができるといわれる。

2.2.2. 言語と性差

次に、英語の語彙や語法に内在する女性差別をみていくことにしよう。これにはたとえば mankind のように「人」を「男」という意味の man で代表させているもの、woman doctor のように基準として存在する男性職業名に woman を付けたり、waitress のように女性形を用いるもの、mistress (cf. master) のように対応する男性形と比べてマイナスの意味をもつ女性形などがある。また Everyone must bring his own notebook. というように、総称的な意味をもつ名詞を受ける代名詞に男性形を使うのも、差別の表れである。

70年代以降は、フェミニズム運動の一環として、言語における性差別的な表現をなくそうとする動きが起こった。

fireman → firefighter　　　　salesman → salesclerk
chairman → chairperson　　　manmade → artificial
woman doctor → doctor　　　 the fair sex → woman
mankind → human beings/ people　　Mrs./Miss → Ms.
mailman → postal worker, mail carrier
the farmer and his wife → a farm couple
Everyone must bring his own notebook. → Everyone must bring his or her (their) own notebook.

2.3. 社会的階級

英語圏においては、高い階級に属する人びとは地域差のある地域的変種は使わずに、いわゆる標準語を話すのに対し、低い階級に属する人びとは、それぞれの地域変種、つまり地方なまりを使うことが多いとされる。

トラッドギル (P. Trudgill, 1974) は、2人の話者の発話を提示し、その文法的な差異が両者の社会的背景を反映していると説明している。

話者 A	話者 B
I done it yesterday.	I did it yesterday.
He ain't got it.	He hasn't got it.
It was her what said it.	It was her that said it.

英語を母語とする人なら、両者の発話を聞けば、B の方が A よりも社会的地位が高いことはすぐに分かる。

また、イギリスのノリッジで 3 人称・単数・現在の -s の使用と社会階級の差との相関関係を調べた調査もある。-s の付かない率を表にすると右のようになる。やはり、下の階級ほど -s が付かない率が大きくなることや、中産階級と労働者階級との間に歴然とした差違があるのが分かる。

階級	割合
中流中産階級	0%
下流中産階級	2%
上流労働者階級	70%
中流労働者階級	80%
下流労働者階級	97%

2.4. 年齢

さまざまな社会で、年齢と言語の変異の関係が研究されているが、どの社会階級のグループにおいても、思春期、あるいはそれより少し下の年代の若者は、文法や発音において、社会的に低くみられている言い方を大人よりも好む傾向があるといえる。逆にいえば、年齢が上がるにつれて、そういう変異は使わなくなるということである。また、スラングやののしりことばなども若者の方が多く使うが、年をとるにしたがい、社会的な圧力を受けて減っていく。

ホームズ(Holmes, 1992)は、アメリカのデトロイトとアパラチア地方を例にとり、年齢による多重否定の使用頻度の変化を示している。どちらの地域でも、12 歳以下の子どもの方が、青年期の若者より多重否定を多く用いている。20 歳以上の大人の場合は、両地域ともさらにその使用頻度が下がっているのが分かる。

年齢グループ	デトロイトの黒人英語	アパラチア地方の英語
20歳以上	25.1%	60.6%
13〜19歳	40.9%	62.2%
12歳以下	49.1%	72.8%

　またその土地特有のことばは、30歳頃までは漸減しているが、30を越えた頃に急速に減少し、45歳前後が最少になり、その年齢が上がると、また使用頻度が上がっている。この現象についてホームズは、30〜55歳の間の年齢層は、もっとも標準的で権威のあることば使いをしており、その土地固有のことばの使用が他の年代に比べて少なくなっていると説明している。

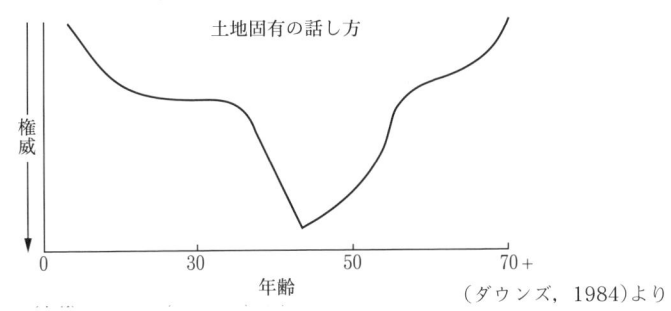

▼土地固有の言葉の使用頻度と年齢との関係

（ダウンズ，1984）より

2.5. 職業

　職業と結びつく社会的変種もある。特定の職業やグループに属する人びとが仲間内で使う特殊な用語・専門語・隠語などをジャーゴン（jargon）と呼ぶ。特に語彙に特徴がみられることが多く、お役所用語（official jargon）、医療関係者の特殊用語（medical jargon）などが知られているが、次に示すのは、アメリカのトラック運転手のジャーゴンである。
　　bears（警察）　　doughnuts（タイヤ）　　eyeballs（ヘッドライト）
　　grandma lane（遅い車線）　motion lotion（ガソリン）　smokey（警官）
　　super cola（ビール）

3. 言語と文化

　世界中の文化をみると、各種族は独自の言語だけでなく、独自の世界観をもっており、それがそれぞれの言語に反映されていることが分かる。言語は文化を離れては存在しえず、言語そのものも文化の1部である。ここでは、そうした言語と文化の関係についてみていくことにする。

3.1. 言語の相対性と普遍性

　生活様式が異なればそれを表すことばも異なるのであるから、異言語間で語彙が1対1に対応しないのは当然である。英語には「たたみ」や「ふすま」を表す語はないし、逆に日本語にはclosetやporchを表す語はない。また日本人が総称して「椅子」と呼ぶものを、英語ではchair, stool, bench, coach, sofaなどと細かく区別する。これはriceに対して日本語で「もみ」「稲」「米」「ごはん」「ライス」のように名称が細分されるのと同じである。一方、雨・風・雪・山・川・草木などの自然現象や自然物についてはどうであろうか。自然界は民族や文化による違いはなく、普遍的で万国共通のものであるから、雪／snow、雨／rain、ウマ／horseのようにすべて1対1の対応があると考えがちである。しかし、英語話者がsnow, rain, horseと呼ぶものと、日本人が「雪」「雨」「ウマ」と呼ぶものとは、本当に同じものをさしているのであろうか。これは、言語が人間の認識や思考とどのような関係をもつのか、言語は知覚や認識にどのような影響を及ぼすのか、という問題と係わっている。これには2つの対立する考え方がある。

　① 人間の認識や思考は個別の言語によって規定されている。
　② 人間の認識や思考は個別の言語から独立して行われる。
　前者の代表がサピア＝ウォーフ仮説であり、後者はチョムスキーによって代表される。

3.1.2. サピア＝ウォーフ仮説

　サピア（E. Sapir: 1884-1939）とウォーフ（B. L. Whorf: 1897-1941）は、アメリカの言語学者であり、また文化人類学者でもある。サピア＝ウォー

フの仮説は2人の主張に共通する2つの原則を結びつけたものである。その基本的考え方は、人間は思考方法を言語によって規定されており、自分のまわりの世界を自分の言語によって切りとっているというものである。すなわち、思考は言語に依存しており、人間の世界観は言語によって規定されるという考え方である。色彩名を例にとると、私たち日本人は虹は7色だと思っているが、たとえば英語では6色、アフリカのショナ語では3色、バサ語では2色にそれぞれ分類される。このように、色の分類は普遍的なものではなく、言語によって著しく異なり、任意性が強いと主張するのである。

日本語	紫	藍	青	緑	黄	橙	赤
英　語	violet		blue	green	yellow	orange	red
ショナ語	cipswuka		citena		cicena	cipswuka	
バサ語	hui				ziza		

(伊藤他(監), 1991)より

しかし、このような仮説に対する反論や批判もある。言語をもたずに成長した人が、言語でなく身ぶり手ぶりで意志を疎通させたという報告もある。また異言語間で翻訳が可能であるという事実も、この仮説に対する根拠となっている。言語の違いが大きすぎて相互理解ができないということはなく、ある程度の説明を加えることにより、そうした違いを補うことができるのである。現在ではサピア=ウォーフ仮説を弱めたもの、すなわち言語は私たちの思考を決定するものではないが、知覚や記憶になんらかの影響を与えるという考え方が、一般に受けいれられている。

3.1.3. 色彩語の研究

私たち日本人は昔から、山吹色・うぐいす色・もえぎ色など、豊かな色彩感覚を表す語をもっている。上で述べたように、言語によって使われる色彩語はさまざまであるが、バーリン=ケイ(B. Berlin & P. Kay, 1969)の色彩語の研究により、どの言語でも次のような11の基本的色彩範疇(それ以上は混合色となる)から、一定の階層性をもって選択されることが分かった。

$$\begin{bmatrix} \text{white} \\ \text{black} \end{bmatrix} < [\text{red}] < \begin{bmatrix} \text{green} \\ \text{yellow} \end{bmatrix} < [\text{blue}] < [\text{brown}] < \begin{bmatrix} \text{purple} \\ \text{pink} \\ \text{orange} \\ \text{grey} \end{bmatrix}$$

２色しかない言語では白・黒であり、青をもつ言語では、その段階までのすべての色彩(白・黒・赤・緑・黄)をもつ。つまり、言語によって色彩語の数とその指示範囲は異なるが、中心となる色は普遍的であると考えられる。これは、色彩の認知に関しても、ある種の普遍性が存在するということを示している。上で述べた虹の色にしても、基本的には暖色系・寒色系という普遍的な色彩認識が働いているといえよう。

3.2. 日英語比較

日本語と英語の違いを、語彙や表現形式、発想についてみていこう。

3.2.1. 語彙

文化の違いをもっともよく表しているのは語彙である。語彙レベルの違いは次の３つに分けて考えられる。

① 普遍的に存在する事物に対して、言語間で命名の細かさが違う場合
　　a. 英語の方が細分化している場合

　　　　時計／clock, watch　　　指／finger, thumb, toe,
　　　　手／hand, arm　　　　　　ひげ／whisker, beard, mustache
　　　　足／foot, leg　　　　　　牛／cow, bull, ox
　　　　焼く／bake, roast, broil, grill, toast
　　　　川／stream, rill, brook, rivulet, river
　　　　(犬が)鳴く／bark, howl, whine, yelp, snarl, growl

　　b. 日本語の方が細分化している場合

　　　　hot／暑い・熱い・辛い　　bitter／苦い・塩辛い・渋い
　　　　water／水・湯　　　　　　brother／兄・弟
　　　　horizon／水平線・地平線　give／与える・やる・くれる
　　　　wear(put on)／着る・かぶる・はめる・はく・付ける

② 同一の事物や動作に対して言語間でその境界にずれがみられる場合

▼人の顔の部分名称

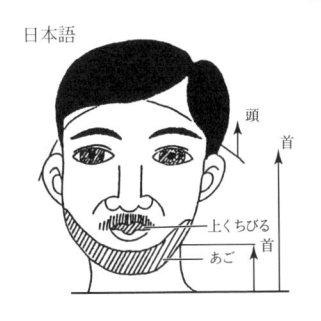

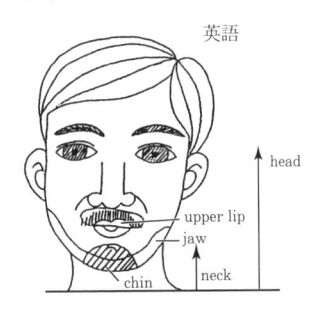

日本語：頭、首、上くちびる、あご、首
英語：head、upper lip、jaw、chin、neck

③ 一方の言語に対応する語がない場合
　日本語：恩、義理、甘え、わび、さび、粋、しぶい
　英語：gentleman, humor, identity, knight

3.2.2. 表現形式

文化の違いは語彙だけでなく、発想法や表現形式にもみられる。

(1) a. Spring has come.
　　b. 春になった。

英語では春が話し手の方に来るという行為をする、というように考えるのに対して、日本語では行為者を表面に出さず、あたかも＜自然のなりゆき＞でそうなったというように表現する。

(2) a. We are going to get married in June.
　　b. 私たち、6月に結婚することになりました。

当事者の意志で決定されたことでも、日本語はまるで＜自然のなりゆき＞でことがそう運んでいったというように表現するのを好む。

(3) a. Mary has a freckled face.
　　b. メアリーは、顔にそばかすがある。

英語では、(3a)のようにメアリーはそばかす顔の所有者として捉えられているのに対して、日本語では存在文として表現されている。

(4) a. His words surprised me.
　　b. 彼のことばに驚いた。

英語は抽象的な概念でも動作主として主語になるのに対し、日本語では状況的な表現のしかたが好まれる。

(5) a. I can see Mt. Fuji in the distance.
　　b. 遠くに富士山が見える。

日本語では自分の感覚や感情を述べるのにも＜事柄＞を中心に表現し、行為者である＜私＞を表面に出さない。英語の表現は人間中心で、「だれ(なに)」が示されるが、日本語は人間主語が引っこみ、状況中心の表現となっている。英語と日本語について、文化的な観点から次のような対比が注目される。
　① ＜する言語＞対＜なる言語＞
　② ＜語る文化＞対＜黙する文化＞
　③ ＜積極的(自己主張的)文化＞対＜消極的(自己滅却的)文化＞
　④ ＜個人志向文化＞対＜集団志向文化＞
　⑤ ＜自然征服的文化＞対＜自然服従的文化＞

欧米では個人の業績や達成が高く評価されるのに対し、日本は年齢・経験・年功序列といった要素が重んじられる恩・義理の社会である。英語国民は何事もことばで明らかにしようとするが、日本人は人との和を大切にし、ことばにせずに相手の気持や考え方を察する姿勢が強い。英語国では自己と他者とは本来別個の存在であり、自分の考えをはっきり表現して他者を自分の思っている方向に動かそうとするのに対し、日本社会では集団における人間関係の調和が重視され、他者との相互依存関係が基本となっている。また英語国民は人間は自然を支配する存在と考えるが、日本人は自然との調和を大切にして、自然と共存していこうとする傾向が強い。

　こうした言語的・文化的な違いを、日本と欧米の歴史的背景の違いとあ

わせて考えてみよう。まず、日本は稲作を中心とした農村型社会として発達した。1年を通じて田畑で働く定住生活であったため、閉鎖的で自給自足的な小社会(ムラ)が形成された。ムラのなかではみんなが互いに顔なじみであり、助け合って作物を育て、収穫するといった共同作業が行われた。共同体としての調和を保つため、「和」を大切にする傾向が強まり、知識や経験の豊富な年長者の指導や支配を受ける関係から、タテ社会が形成された。また人間は自然の1部であると考え、周囲の環境に手を加えるのではなく、その環境に自分を適応させていこうとする傾向が強まった。

一方欧米は家畜の群れを統御し、そこから日常の生活物資を得るという牧畜的移動社会として発達した。放牧に適した場所を求めて絶えず移動するので、見知らぬ人と出会うことが多く、そのために言語が重要な役割を果たし、積極的で明確な伝達が大切にされた。こうして、他人に頼らずすべてを自分で決断するという自律的な行動様式が形成されていった。また人間は周囲の自然環境と対立し、それを征服する存在であると考えた。

最近では、聴覚的認知に関する日本人と欧米人の脳の生理学的な違いが指摘されている。日本人の場合は、コオロギやスズムシなどの虫の声や風の音、邦楽器音などもことばと同じように言語脳(左脳)で処理されている。これに対して、欧米人の耳ではこれらが物音として聴かれ、非言語脳(右脳)で処理される。日本文化の情緒性、西欧文化の論理性は、このような認知のしかたの違いからくる特徴であるといわれる。

▼聴覚的認知の違い

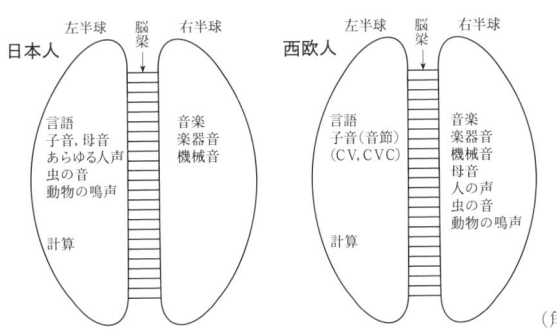

日本人	西欧人
左半球／脳梁／右半球	左半球／脳梁／右半球
言語 子音、母音 あらゆる人声 虫の音 動物の鳴声 計算 ／ 音楽 楽器音 機械音	言語 子音(音節) (CV, CVC) 計算 ／ 音楽 楽器音 機械音 母音 人の声 虫の音 動物の鳴声

(角田, 1978)より

3.2.3. 高文脈型と低文脈型

　文化のなかには、他の文化に比べて、共有している背景に依存する度合が大きいコミュニケーションの型を発達させている場合がある。状況に依存する度合が高いコミュニケーションを高文脈型、低いコミュニケーションを低文脈型と呼ぶ。高文脈型言語においては、多くの情報は社会的な文脈のなかにすでに内在しているので、最低限の言語的あるいは非言語的メッセージによってお互いの理解が可能である。日本はほかの社会に比べると同質性が高く、日本語はもっとも文脈度の高い言語であり、「察する」「行間を読む」「以心伝心」といった態度や行動が重視される。たとえば「どうも」という表現は、文脈によって謝意・謝罪・挨拶など、いろいろに受けとられる。また俳句のように、わずか17文字に込められたメッセージを解読し、鑑賞する文化はこのような社会にしか生まれないであろう。高文脈文化においては、言語使用者やその人間関係が、ことばによるメッセージと同じくらい、あるいはそれ以上に重要なのである。

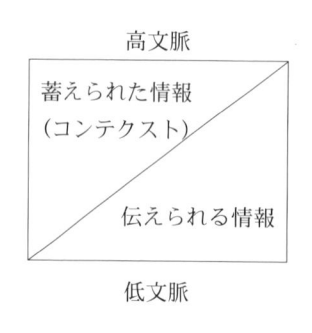

　これに対して、英語はドイツ語やほかのゲルマン系の言語と同様、著しい低文脈型である。各人は独立した個で、それぞれ異質であるとする低文脈型文化においては、他者との基本的了解度が低いので、自分の考えをすべて明確に表明してコミュニケーションを図ろうとする。多量の情報を理論的に組み立ててメッセージを送らないと、コミュニケーションが成立しにくいからである。異なる文化に属する人びととの係わりをもつとき、ことばのルールのほかに、このような文化的な情報を知らないと支障をきたすことがある。つまり、伝達されていることをすべて理解するためには、言語そのものの知識のほかに、その言語が使用されている文化的背景に関する知識が必要なのである。逆にいえば、文化的背景が言語の理解に役立つのだといえよう。

3.2.4. 異文化間コミュニケーション

「異文化間コミュニケーション」というと、すぐに語学の学習に結びつけて考えがちである。確かに、言語は異文化間コミュニケーションのための重要な道具となるが、それだけでは不十分である。異文化理解とは、まずお互いの置かれた立場を尊重しあい、お互いの思考形態・行動様式などの相違を優劣のないものとして認めあい、受容することである。それは、自分の文化と異なる文化を客観的に受けいれて、理解しようと努めることから始まる。

新しい言語を学ぶことは、新しい文化を学ぶことである。ある言語の語彙のなかに含まれる外来語は、異なる言語と接触した結果、とりいれられ使われるようになった歴史的背景を示している。また、ある言語の語彙や表現、発想法にみられる特徴は、その言語の話し手がもつ民族的特質を表している。このように、言語は社会を映しだす鏡であり、言語と文化とは切り離すことのできないものである。私たちが外国語を学ぶとき、ともすれば表面的な字句にとらわれてしまいがちであるが、言語のもつこのような背景をも含めた、多面的・立体的なとり組みが大切である。

異なる言語や文化を知ることによって、世界を見る新たな視点が開けてくる。さらにその視点で自分の母語や文化を見直すと、それまで見えなかったものが見えてくることもある。英語という言語について学ぶことは、英語国民のもつ歴史的・文化的・社会的背景や、意識構造・国民性の特徴を学ぶことである。と同時に、それらと比較することによって、改めて自分たちの文化や民族的特質を認識することができるのである。

補 遺　コンピュータと英語学

昨今のコンピュータの飛躍的な技術革新に伴って、コンピュータは英語学の分野でもさまざまに利用されている。これまで紙のメディアであった辞典類も次つぎと CD-ROM 化され、有益なデジタル情報も豊富にインターネットをとおして収集可能である。さらに「コーパス言語学」という、コーパスに基づいた統計的言語処理を行う新しい分野が、近年ヨーロッパを中心に注目を集めてきている。ここではコンピュータと英語学の係わりの1部を概観することにしよう。

1. 電子辞典

　コンピュータが日常生活で普及するにつれ、辞典類も CD-ROM 化され簡便に利用することができるようになってきた。次に英語関連でふだんよく使用される一般的な辞書を中心に列挙し、その情報が得られるサイトの URL(Uniform Resource Locator)もあげておこう。

　① *Oxford English Dictionary* (Second Edition) *on CD-ROM*
　　　(http://www.oup.co.uk/)
　　　(http://www.oupjapan.co.jp/)
　② *Collins COBUILD on CD-ROM*
　　　(http://www.collins.co.uk/)
　③ *Longman Interactive English Dictionary on CD-ROM*
　　　(http://www.longman.com/dictionaries/)
　④ *Cambridge Advanced Learner's Dictionary CD-ROM*
　　　(http://www.cambridge.org/elt/dictionaries/index.htm)
　⑤ 『CD-ROM 研究社 新英和大辞典 & 新和英大辞典』
　　　(http://www.kenkyusha.co.jp/)
　⑥ 『CD-ROM 版 リーダーズ＋プラス V2』
　　　(http://www.kenkyusha.co.jp/)
　⑦ 『CD-ROM 版ジーニアス英和大辞典』
　　　(http://www.taishukan.co.jp/)
　⑧ 『グランドコンサイス英和辞典・グランドコンサイス和英辞典』
　　　(http://www.sanseido-publ.co.jp/)

⑨『ランダムハウス英語辞典〔CD-ROM 版〕』
　(http://www.shogakukan.co.jp/)

　次のアドレスには英語コーパス学会のホームページがあるが、上に列挙した辞書をはじめ、いろいろな辞書の情報が得られる便利なサイトでもあり、またリンク先も豊富である。
　http://muse.doshisha.ac.jp/JAECS/index.html

2. インターネット

　インターネット上には学術資料として利用できる情報資産が豊富にあるが、一方ではあまりにも量が膨大すぎて必要な情報にたどりつくのが難しいことがある。専門的な情報は、メタリストという特定分野への解説付きリンク集からたどって収集することもできるが、その URL が分からないときには、サーチエンジンが役に立つ。一般にサーチエンジンと呼ばれている WWW 検索サイトは、欲しい情報のアドレスが分からないときに利用すると、その WWW サイトにたどりつくことができる方法を提供してくれる。

　たとえば Yahoo! (http://www.yahoo.com/) では、個別の URL が系統的に分類されディレクトリ分けされて提供されている。これはジャンル別にページがまとめられているガイドブックに索引が付いたものと考えればよい。たとえば Social Science の下位に Linguistics and Human Languages があり、さらにこれが次頁のように下位区分されているので、大分類から順に階層をたどって、英語学で自分の興味のあるカテゴリーにたどりつくことができる。

　検索したい事項が分かっている場合には、キーワードから検索する方法もあるが、この場合の検索結果にはどのジャンルに分類されているかが表示されるので、さらに有用な情報を得ることも可能である。

▼Yahoo！による検索例

Categories

- Aphasia@
- Chats and Forums (10)
- Computational Linguistics (17)
- Conferences (8)
- Dialectology (13)
- Education (78)
- Educational Companies@
- Etymology (16)
- Institutes (8)
- Journals (10)
- Language Acquisition (4)
- Language Policy@
- Languages (2324) NEW!
- Lexicography (10)
- Linguists (37)
- Metaphor (19)
- Natural Language Processing@
- Organizations (33) NEW!
- Philosophy of Language@
- Phonetics and Phonology (7)
- Psycholinguistics (7)
- Semiotics (31)
- Sign Language (27)
- Slang (3)
- Sociolinguistics (4)
- Speechreading (1)
- Translation and Interpretation (27)
- Web Directories (9)
- Words and Wordplay (147)
- Writing Systems (15)

　Yahoo! 以外のサーチエンジンを列挙してみよう。探したい事項がはっきり分かっている場合に、効率よく目的のサイトにたどりつくことができる Lycos (http://www.lycos.com/)、13のディレクトリのなかから分野を限定でき、さらにトピックを絞って、キーワードで検索していく eiNET (http://www.einet.net/)、複数サーチエンジンを同時に検索できる All-in-One Search Page (http://www.complang.tuwien.ac.at/pirky/allinone/) などがある。特に近年著しく利用されている Google (http://www.google.co.jp/) は、日本語でも「ググる」という新語まで造られているほどである。

　現在数多くのサーチエンジンが稼動しているが、それぞれの保有している情報量や質、あるいは検索する際の方法や結果の表示には特徴があるので、自分の欲しい情報にたどりつくためには、複数のサーチエンジンに当たってみるのが賢明である。一方検索項目によってはヒット件数が膨大になることもあるので、そのときには検索方法や検索項目を工夫することが必要になる。

　インターネット上の英語で書かれている新聞・雑誌記事や放送英語のスクリプトなどを提供しているサイトは、英語学の分野では、電子テキストとして有益な研究材料を手にいれることができる便利なサイトでもある。

① 新聞・雑誌記事を提供しているサイト
　Time（http://www.time.com/time/）
　USNews（http://www.usnews.com/usnews/home.htm）
　Asahi Evening Popup
　　（http://www.asahi.com/english/english.html）
　　（*Asahi Evening News, The New York Times, San Jose Mercury News* などの英文記事が掲載され、さらに cnn.com にもリンクされている。）
② 放送スクリプトを提供しているサイト
　BBC English（http://www.bbc.co.uk/）
　CNN（http://www.cnn.com/）
　ABC NEWS（http://abcnews.go.com/）
③ 新聞・雑誌・テレビなどの記事を提供しているサイト
　Ecola Newsstand（http://www.ecola.com/）
④ その他の電子テキストが用意されているサイト
　The On-line Books Page
　　（http://digital.library.upenn.edu/books/）
　Digital Text Collections
　　（http://sunsite.berkeley.edu/Collections/）
　Project Gutenberg（http://www.promo.net/pg/）
　The Electronic Text Center at the University Virginia
　　（http://etext.lib.virginia.edu/）
　Oxford Text Archive（http://ota.ahds.ac.uk/）

特に本の電子テキストに関しては必ず複数のサイトにアクセスして、採用されている本の版や、入力ミスの有無、書式の問題など、いろいろな点を調べてからダウンロードすることが肝心である。

3. コーパス利用の研究
3.1. 英語コーパス研究

　コーパス(corpus)とは、もともと「言語分析のための言語資料の集積」を意味するが、コンピュータのめざましい発達と普及に伴い新しい意味が付加されて、「言語研究のためにコンピュータで収集、蓄積された言語データの集合体」をさすようになってきた。そこで「コーパス言語学」(corpus linguistics)では、コーパスのデザイン、構築のプロセスなどに関する方法論、コーパス処理に伴うソフトウェアの開発などの技術論、さらにコーパスとコンピュータを活用した言語分析などの幅広い研究が行われている。

　コーパス言語学のデータが英語の場合が「英語コーパス研究」ということになるが、この分野でも最近活発に研究が行われ、めざましい成果が生まれてきている。コンピュータを使用することにより、膨大なデータを迅速にかつ正確に処理することができるばかりでなく、言語資料の出所も瞬時のうちに表出でき、さらに当該の語の使われる文脈も明示できるため、語法研究、新しい連語の発見、方言とレジスターの社会言語学的研究、辞書編纂などの分野で大きな貢献がなされてきている。

3.2. 代表的なコーパス

　大規模な英語のテキストデータベースの構築は、おもにヨーロッパで始まったが、ここでは代表的な英語のコーパスを概観することにしよう。これらのコーパスは通常次の4種類に分類される。

① 文字言語コーパス/音声言語コーパス

　書きことばをコーパス化したものに対して、録音した話しことばを文字化した次のようなコーパスがある。

　London-Lund Corpus of Spoken English [LLC]：1960-1970年代のイギリス英語の話しことば50万語を収集したコーパスで、音声特徴も記されている。

　Lancaster/IBM Spoken English Corpus [LSEC]：イギリス英

語の話しことばの約5万語からなるコーパス

② サンプル・コーパス/モニター・コーパス

サンプル・コーパス(sample corpus)は、コーパス編纂時期の言語表現の全体像を反映させるため、幅広い分野から同じ量のデータをランダムにバランスよく抽出して作成されたコーパスをいう。

Brown Corpus(Brown University Standard Corpus of Present-Day American English [BUC]): コンピュータで作成された世界で最初のコーパスで、100万語を越えるアメリカ英語(1961)の書きことばを収集し、1964年に完成した。

LOB Corpus(The Lancaster-Oslo/Bergen Corpus of British English [LOB]): Brown Corpusと同趣旨、同じフォーマットに基づいて作成された、100万語のイギリス英語の書きことばのコーパスで、1978年に完成した。

British National Corpus(BNC)：産学協同で構築された大規模コーパスで、1975年以降のイギリス英語を対象とし、書きことばが90％、話しことばが10％の割合の約1億語からなる。

一方モニター・コーパス(monitor corpus)は、同時代の言語の全体像をモニターしようと構築されたコーパスをいう。

The Bank of English：1980年にBirmingham大学が中心となって、出版社Collinsとの共同研究で開始され、現在も構築中のコーパスである。現在5億2400万語を超える世界最大のコーパスである。Wordbanks *Online* (COBUILDDirect) というインターネットでの検索サービスも提供されている。

③ 共時コーパス/通時コーパス

共時コーパス(synchronic corpus)は同時代の英語表現を集めたコーパスで、上のBrown Corpus, LOB Corpusなどがこの例にあたる。一方、通時コーパス(diachronic corpus)は、時代の変遷を考慮に入れて収集されたコーパスをいう。

Helsinki Corpus of English Texts(The Helsinki Corpus of English Texts: Diachronic and Dialectal)：世界最初の通時的英語コーパスで、1991年に構築の完成をみた。800年から1710年までの約160万語の通時的資料を集めたDiachronic Partと、24万5千語の地域方言を集めたDialectal Partの2つの部分からなる。

④ 特殊目的コーパス/汎用コーパス

特殊目的コーパス(special purpose corpus)は特定の言語研究のために編纂されたコーパスをいい、上で述べたイングランドの地域方言を集めたコーパスがこれにあたる。汎用コーパスはさまざまな研究を想定して編纂されたコーパスで、BrownやLOBがこれにあたる。

3.3. コーパス構築

　大規模に構築されたコーパスとは別に、文学作品などをコンピュータ処理するため個人的にコーパス化することも可能であるが、ここではその手順を簡単に述べることにしよう。作品をスキャナーで読みとる方法もあるが、このOCRの場合、現在ではかなり認識率があがっているものの、依然としてもとのテキストの状態によっては、'I' を 'I' あるいは 'i' と認識したり、'e' を 'c' と、'm' を 'ni' と認識する間違いがよくみられるので、修正は不可欠の操作になる。インターネット、CD-ROMを利用するやり方は、テキスト・ファイル作成の時間的短縮、正確性という点からもかなり有効である。個人で短時間に構築するために、インターネットを活用したデジタルデータの入手が1番効率がよい。ただこのような電子テキストはダウンロードしたままでは検索プログラムがかけられないので、ファイルの整形が必要となる。

3.3.1. デジタルデータの入手および整形

　データの1例として、Agatha Christieの *The Mysterious Affair at Styles*(以下 *Styles* と略記)を、http://www.bartleby.com/112/1.html/

からダウンロードする。この作品は著者の最初の作品で、名探偵エルキュール・ポワロ誕生の記念すべき作品である。提供されている作品がテキスト・ファイルであればそのまま利用できるが、html ファイルの場合には、これをまずテキスト・ファイルへ変更したあと整形を行う。*Styles* の整形の手順を追うことにしよう。

① *Styles* の html ファイルをエディター(WZ Editor を使用)で開く。

```
<html>
<title>Christie, Agatha. 1920. The Mysterious Affair at Styles: Chapter 8: Fresh Suspicions.</title>
<body bgcolor="#ffffff" text="#000020"
LINK="#000050" VLINK="#000050" ALINK="#000050">

<center>
<b><font color="#0000FF"><font size="+2">8
<br>Fresh Suspicions</font></font></b>
</center>

<p><table cellspacing=1 cellpadding=1>
<tr><td>T<font size="-1">HERE</font> was a moment's stupefied silence. Japp, who was the least surprised of any of us, was the first to speak.</td><td valign=top><font size="-1"><a name="1"> </a></font></td></tr>

<tr><td>  "My word," he cried, "you're the goods! And no mistake, Mr. Poirot! These witnesses of yours are all right, I suppose?"</td><td valign=top><font size="-1"><a name="2"> </a></font></td></tr>

<tr><td>  <i>"Voil&agrave;!</i> I have prepared a list of them&#151;names and addresses. You must see them, of course. But you will find it all right."</td><td valign=top><font size="-1"><a name="3"> </a></font></td></tr>
```

② すべてのタグを削除して、テキスト・ファイルとして保存する。

③ このテキスト・ファイル上にいくつかの特徴が残る。まず、元の html ファイル上にある行番号を表す数字がそのままあちこちに残っている。

　次に特殊な文字列がみられるが、これらはアンパサント(&)で始まり、セミコロン(;)で終わる一連のエスケープシーケンス(escape sequences)といわれるものである。たとえば( )はスペースを、(—)はハイフンを表す。

また *Styles* では、主人公のことばのなかにフランス語もでてくるが、これらの１部も特殊な文字列ででてくる。たとえば、(&_grave;)は grave accent、(&_acute;)は acute accent、(&_circ;)は circumflex accent、(&_cedil;)はcediillaを表す。さらに *Styles* では温度(degree)も(80°)のように文字列で表される。このような文字列はすべて削除あるいは適切な置換が必要となる。

④　テキスト・ファイルを開いて、[検索―置換]機能を使って整形していく。整形前のテキスト・ファイルの状態により、当然整形順序は変わってくる。置換機能を使用する際にはメタキャラクター、正規表現が役に立つ。*Styles* の場合の順序は次のようになる。

　　1) 元のテキストの空白行の処理をする。
　　2) 文頭のスペースを削除して文字を左寄せにする。
　　3) 段落末の( )をとる。
　　4) (—)をハイフンにかえる。
　　5) html ファイルについている行番号をとる。
　　6) 外国語を検索し、それを明示化するため適当な文字に変える。
　　7) テキスト・ファイルの最初の箇所と最終行を適切な形に整形する。

このようにして整形を済ませたテキスト・ファイルは以下のようになる。

<title>Christie, Agatha. 1920. The Mysterious Affair at Styles: Chapter 1: I Go to Styles.</title>
<chp id=1>
THE intense interest aroused in the public by what was known at the time as "The Styles Case" has now somewhat subsided. Nevertheless, in view of the world-wide notoriety which attended it, I have been asked, both by my friend Poirot and the family themselves, to write an account of the whole story. This, we trust, will effectually silence the sensational rumours which still persist.
I will therefore briefly set down the circumstances which led to my being connected with the affair.

(中略)

"The mater will be delighted to see you again---after all those years," he added.

3.3.2. 言語処理プログラム

さまざまなコーパスを効果的かつ効率的に活用するためには言語処理プログラムが必要であるが、ここでは代表として *WordSmith*(M. Scott & T. Johns, 1997)をとりあげよう。これは Windows 対応のソフトで、コンコーダンスや頻度数を作成するプログラムを中心とした複数の文字列処理プログラムが統合されたものである。*WordSmith* の Tools は 6 つあるが、そのうちの WordList, Concord, KeyWords を、整形済みの *Styles* のテキストにかけることにしよう。

Controller 画面で、コーパスを選択したり、検索前の各種の設定をして、Concord などの各ツールに入る。

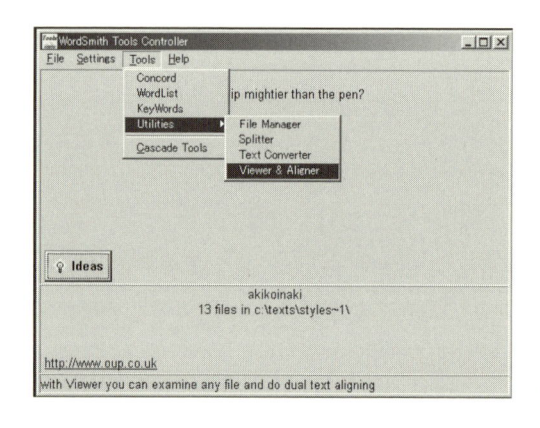

◀Controller の画面

Concord のツールで、'search word' をたとえば 'think' と設定して検索すると、結果のコンコーダンスラインは次頁の図となる。これは KWIC(*Key Word In Context*)形式で表示される。KWIC 形式とは、検索語を行の中央に配置しその左右に文脈をそえる形式である。1 行に表出される文字数は適宜、設定が可能である。また検索語はさまざまに工夫でき、語の 1 部・語・語の結合なども入力することができる。さらに検索語の前後に共起する語を、'context word' として指定することもできる。

◀ コンコーダンス の画面

　think に補文が後続する場合を抽出しようとするときは、コンコーダンスの画面で検索語の右側1語目でソート（'re-sort'）し、続けて検索語の左側でソートする手順が有効である。次の画面は think に that が後続する場合で、think に先行する語がアルファベット順に表示されている。

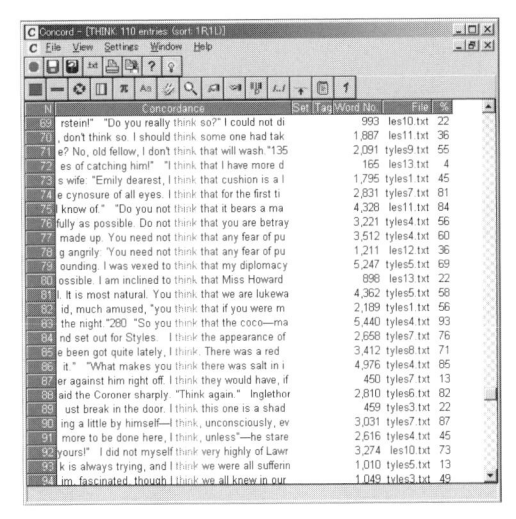

◀ re-sort した結果

各コンコーダンスラインのコンテクストを表示する('grow')こともできる。

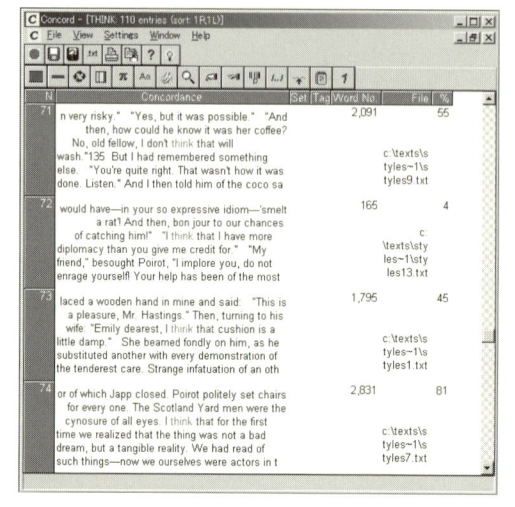

◀growの結果

think that が物語のどのあたりででてくるかをプロット('plot')で表示することもできる。次の画面は think that が各章に何回検索され、それが章のどのあたりにでてくるかを表示する。

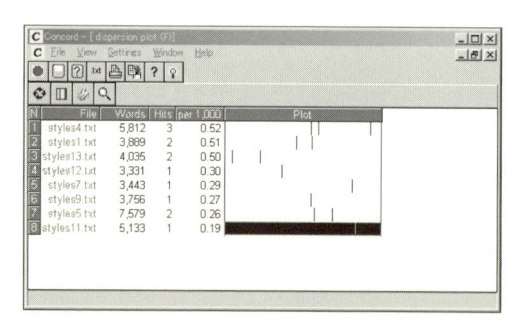

◀plotの結果

thinkの連語関係は 'show collocates' で表示される。各1行に、検索語をはさんでその左右で共起している語の頻度および頻度の合計が表出され、その数が大きいものから順に上から表示される。次の画面では検索語の左右5語目までがカウントされている。一般に有意義な連語は、検索語の前後4語の範囲に限定できると、統計的に計算されている。

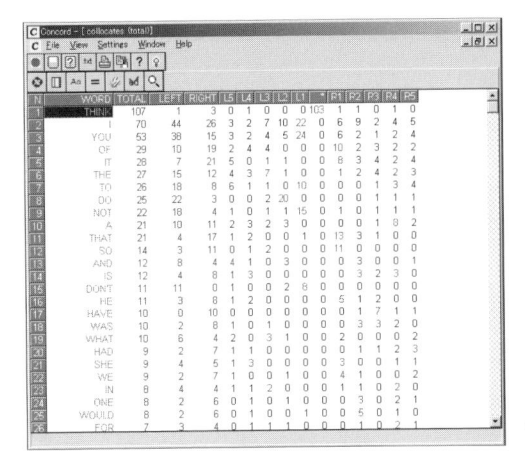

補遺　コンピュータと英語学　229

◀show collocatesの結果

　WordList のツールでは、頻度順やアルファベット順のワードリストと、統計数値がでる。この統計数値には、テキストのバイト数、総語数と異語数およびその比率、1 単語の平均文字数、テキスト全体の文の数、1 文の平均単語数、構成文字数順の単語総数などが含まれる。次は、物語で使用される単語が、その頻度順に表示されたものである。

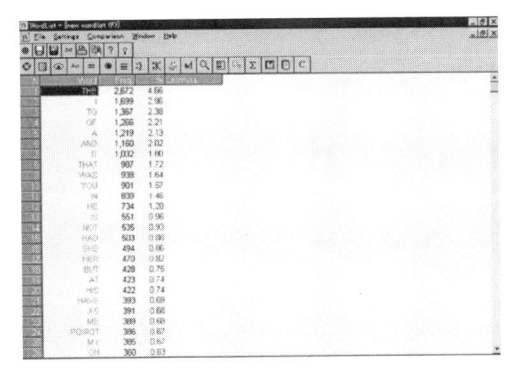

◀WordList(frequency)の結果

KeyWordsのツールでは、2つのワード・リストを比較することにより、物語のキーワードを調べることができる。通常、Aというテキストのキーワードを調べるときは、Aともう1つ別のAよりも大きなワード・リストをもつリファレンス・ファイル(reference file)を必要とする。次は物語の3章のキーワードを設定する画面で、リファレンス・ファイルは物語全体としている。

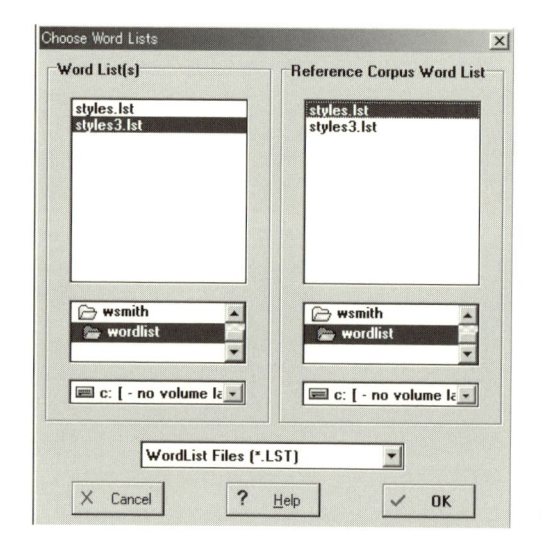

◀KeyWords の設定画面

　次は3章のキーワードが表示された結果の画面である。

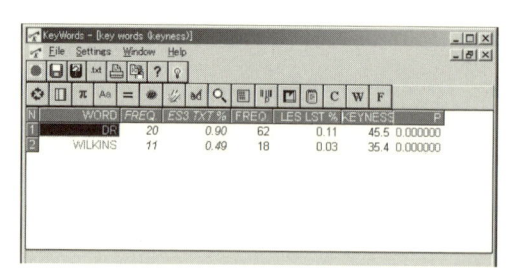

◀KeyWordsの結果

次は表示されたキーワードが物語のどのあたりにでてくるかを示した画面である。

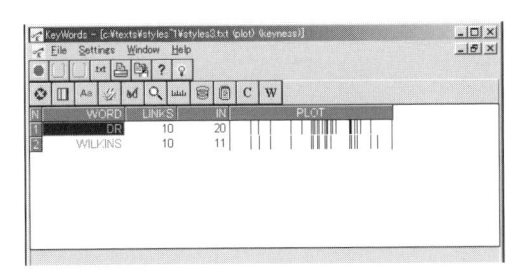

◀plotの結果

　個人で構築したコーパスが量的には非常に小さなものであっても、このパーソナルコーパスに言語処理プログラムをかけることにより、ある作品、あるいはある作家の個別的な文体論研究が可能になる。しかもこれまでとは異なり、作品の客観的でより緻密な言語分析が可能となる。
　たとえば *Styles* などのような推理小説では、情報がどのような形で伝えられるかが重要なポイントになることがあるが、作者は情報提示に関して、常に読み手に対してフェアでなければいけない。と同時に犯人を早くから明らかにしないために煙幕をはって、情報に話し手、または文主語の判断をかぶせて、わざとぼかすこともある。話し手が問題の情報が真であると思っている場合、その「思う」という心的態度の部分を明示化して表現することもあるし、そのまま事実として述べることもある。この心的態度を表す述語動詞として、think, believe, suppose などがあるが、これらを検索し、どのようなコンテクストのなかで、だれによって使用されているか、あるいは物語のどの部分で多用されているかなどを分析することによって、情報の提示のありようを捉えることができる。あるいはもっと細かく、後続する補文の前にふつう that をとらない種類の動詞が、場合によって that をとるとき、当然これは有標になる。このような情報提示のさまざまな表現形式を調べることにより、作品の文体論的・語用論的研究が可能となり、推理小説のおもしろさも一段と増すことになるであろう。

3.4. 大規模コーパスを利用した英語の分析

　前述の Wordbanks *Online*（約 5600 万語のコーパスが使用可能）で具体例を検索し、大規模コーパス利用の利点をまとめることにしよう。このコーパスのサブコーパスの配分は次のようになる。このうち'ephemera'には「短命的なもの」、すなわち「カタログ・リーフレット・私信など」が含まれる。

```
npr        3129222 07 US National Public Radio broadcasts
today      5248302 11 UK Today newspaper
times      5763761 10 UK Times newspaper
usbooks    5626436 09 US books; fiction & non-fiction
oznews     5337528 01 Australian newspapers
bbc        2609869 06 BBC World Service radio broadcasts
usephem    1224710 05 US ephemera (leaflets, adverts, etc)
ukmags     4901990 03 UK magazines
sunnow     5824476 17 UK Sun newspaper
ukspok     9272579 04 UK transcribed informal speech
ukbooks    5354262 08 UK books; fiction & non-fiction
ukephem    3124354 02 UK ephemera (leaflets, adverts, etc)
```

　具体例として-ly 副詞の１つを検索することにする。いわゆる-ly 副詞は英和辞書などでは軽視されがちで、-ly を除いた形容詞は十分説明がなされているが、副詞はほとんどの場合簡単にすまされてしまう傾向にある。副詞がどのような動詞と連語関係にあるのか、またどのような形容詞と共起するのかというような情報を得るのは難しい。-ly 副詞の具体例として'strenuously'を検索すると、この語は実際にかなり限定された文脈で使用されていることが明らかになる。検索の結果得られたコンコーダンスを、検索語の右側１語目でソートし、さらに各ラインの先頭にサブコーパスの ID を付けたものが次頁のコンコーダンスである。ソートした画面からも、'strenuously'に後続する動詞の特徴が浮かびあがってくる。

補遺　コンピュータと英語学　233

▼'strenuously' を検索語にした KWIC 表示

```
oznews/01 ers said the charges would be strenuously".   <p> Magistrate Peter Mitchell
times/10  ill be defending this action # strenuously #  <h> Stephen Hawking:Diary </h>
oznews/01 mmissioner Lewis had argued #  strenuously against an inquiry.  <p> Having failed
times/10   to the inquiry, Mr Waldegrave strenuously and consistently asserted his #
times/10  s # evidence to the inquiry he strenuously and consistently asserted his
today/11   to the inquiry, Mr Waldegrave strenuously argued # that because government
usbooks/09 # had money to spend.  <p> As strenuously as he tried, he could never recall #
times/10  air. A few # years ago it was  strenuously cleaned. The result is that it is
times/10  a bit of variation.   <p> After strenuously climbing the chronological ladder of
times/10  eviously said # that he would `strenuously contest" any action by the DTI.  The
today/11  h>  <p> Venables said: `We will strenuously contest the matter on # behalf of
oznews/01  had happened and intended to  strenuously # defend the charges.  <p> Marshall
oznews/01 ne court yesterday they would  strenuously defend the charges.  <p> Matthew
oznews/01 eak-through," the father, who  strenuously denied the rape and sodomy
oznews/01 p> A duty lawyer said Hoxley  `strenuously denied" the charges.  <p> Mr Peter
oznews/01 ll had been doctored but they  strenuously # denied the claims and produced the
oznews/01 doing.  <p> Chris Forsberg has  strenuously # denied his daughter's claims of
ukmags/03 <p> The company concerned has  strenuously denied the accusations while the man
ukbooks/08 s creditors. In fact he even  strenuously # denied the existence of many of
usbooks/09 I asked.  <p> At first Laura  strenuously denied that separation frightened or
times/10  pers # <p> She added that she `strenuously" denied any allegations of wrong-
times/10  # leading industrial companies strenuously denied by the companies themselves #
times/10  ims. Govett, which has always  strenuously denied the allegations, will re-file
times/10  ll the # liabilities". This is strenuously denied by Alistair Duguid, who points
times/10  e. But the European Commission strenuously denied that # the differences have
times/10  llateral. The defence always # strenuously denied this scenario. That was the
times/10  he Iranian deliveries, a claim strenuously denied by a # White House which
times/10  erence. Garda authorities have strenuously denied that Comiskey or # anyone else
today/11  Disney vice president Jim Cora strenuously denied the allegations.  They are not
today/11  milar account.    <p> But he has strenuously denied their claims and told TODAY: `
oznews/01 or the ALP # something Nugent  strenuously # denies.  <p> The March 11 poll has
times/10  tain's most profitable society strenuously denies it has made an embarrassing
times/10   , an accusation that Clinton # strenuously denies.   <p> Whether or not the
today/11  cholas Scudamore said: `Mr Lim strenuously # denies any allegations of
ukmags/03 any in question, Specialised,  strenuously deny this. Specific allegations
times/10  f seven, said last # night: `I  strenuously deny any allegation of wrong-doing. I
today/11  errorists - and Mr Adams would strenuously deny he was ever any such thing - can
oznews/01 e court was told he would be  `strenuously denying" the charges.  <p> Matau, with
times/10   Scottish moors as well: here,  strenuously denying reports of injuries # among
times/10  pretend to a second teenage by strenuously enjoying modern stars # <p> I don't
npr/07   and, in its place, he is arguing strenuously for a genuine separation of powers,
times/10  ou really fight hard enough as strenuously, for # example, as the `supercopers"
usbooks/09 f editorial independence, so  strenuously maintained by Spender and Kristol,
ukbooks/08 thing John Boyd # objects to  strenuously, no matter who the client is, and
npr/07   on law.  Opposition parties have strenuously objected to the organization of the
usbooks/09 on living organisms. Worrall  strenuously objected. `I refuse to hurt them,"
times/10  acted as a unit, but he would  strenuously oppose any attempt to break # ranks
oznews/01 ed by the magistrate.  Police  strenuously opposed bail.  <p> Fox was remanded to
usbooks/09 byists, fearing the unknown,  strenuously opposed Flynn's thinking. 21 <p>
today/11 , who repaid the money and has  strenuously protested his innocence since # being
times/10  cal # Calvia council, which is strenuously pursuing a policy of attracting
ukbooks/08 o Abse and Neil Kinnock, who  strenuously rejected devolution. His own previous
ukbooks/08 1931 crisis, nobody had more  strenuously resisted the cuts in unemployment pay
today/11  f that is possible - should be strenuously # resisted.  <p> Yet it is what was
today/11   ridiculous allegation will be  strenuously resisted. The bishop has also #
oznews/01  for impartiality in his role  strenuously resisting # attempts to discuss any
today/11  in to their bedroom wall.  <p> Strenuously, she denies she suffers from an
oznews/01 all four corners of the globe  strenuously # suggest it wasn't.  <p> The
npr/07   recede, that charge may be most strenuously tested: whether a nation which
usbooks/09 therapeutic alliance will be  strenuously tested during application of the
oznews/01 # who would have to train far  strenuously # than these rates to be in the
usbooks/09 fort against Spain, resisted  strenuously. They had expected the United States
usbooks/09 e returned he was protesting  strenuously. This increased to full-blown crying
ukspok/04 w we might want to argue very  strenuously those commitments and the predictive
ukspok/04 t people who have object most  strenuously to the use of such a simple
usbooks/09 wo men who had objected most  strenuously to Hitler's immediate timetable on
usbooks/09  Once more I was trying most  strenuously to construct an intimate `world of
times/10  ge # that the station has been strenuously trying to establish during the last #
ukbooks/08 Of those Buddhas bravely and  strenuously Yu Myo Sho Jin, To their far-flung
```

2001/8 検索

Wordbanks *Online* では、より精密な連語関係をつかむことができ、frequency, MI score, t-score およびこれらのピクチャーが表示可能である。
　MI(Mutual information)とは、特定の2語について、一方が現れたとき、もう一方の語が現れる可能性についてどの程度期待できるかを計る、つまり「語彙的連語度(lexical collocability)」を表すものである。

◀MI score のピクチャー画面

　t-score は、実験における観察値と期待値を比較するときに用いられる方法の1つで、期待値から観察値の標準偏差の数値を計るものである。特定の2語間に何らかの連語関係があることを主張できる確信度を計る。つまり「文法的連語度(grammatical collocability)」を表すものである。

◀t-score のピクチャー画面

頻度(frequency)順による連語関係の表示をあげる。

◀frequency のピクチャー画面

'strenuously' は「たゆまず、熱心に、精力的に、激しく」などの意味をもつと一般的に説明されるが、実際にこの副詞と共起する動詞には意味的にかなり制限が加えられる。検索結果から deny, object, reject など、何かを否定する意味の動詞との間に強い連語関係がみられることが明らかになる。つまり「激しく(反対する)、熱心に(反対する)」などの文脈で使用されていることが分かる。

大規模なコーパス検索により、ときには既知の言語事実が検証されたり、また新しい事実が明らかになって修正されることもある。そこで語句の記述がより精密化され、当然のことながら、辞書などの記述も変ってくる。

言語研究におけるコーパス検索の利点は次のようにまとめられる。

① 短時間に膨大なデータにアクセスし、多様な実例を提示する。
② 通用度の観点からの典型的な場合を提示する。
③ 実際にどのような状況で使用されるかを提示する。
④ ジャンル別の英語の使われ方を提示する。
⑤ 語句の使用が歴史的にどのように変化するかを提示する。
⑥ 統計的処理に基づく客観的なデータを提供する。

言語研究における言語データの重要性は、いうまでもないことであるが、

そのようなデータベースとしての大規模なコーパスを高速処理し、その検索結果を分析することにより、語法研究・辞書編纂・言語の動態研究などにおいて、大きな貢献が期待される。今後コーパス編纂・研究はますます盛んに行われるであろう。

参考文献

Aarts, J., P. de Haan & N. Oostdijk. 1993. *English Language Corpora: Design, Analysis and Exploitation*. Editions Rodopi. B. V.

Aijmer, K. & B. Altenberg(eds.). 1991. *English Corpus Linguistics: Studies in Honour of Jan Svartvik*. Longman.

Aitchison, J. 1995. *Linguistics: An Introduction*. Hodder & Stoughton. (田中春美, 田中幸子, 若月剛(訳). 1998.『入門言語学』金星堂.)

Akmajian, A., R. A. Demers & R. M. Harnish. 1979. *Linguistics: An Introduction to Language and Communication*. The MIT Press.

赤野一郎. 1996a.「英語教師のための有益サイト情報とパーソナル・コーパス構築のすすめ」*CHART NETWORK*, No. 20. 数研出版.

____. 1996b.「英和辞典における -ly 副詞の記述とコーパス」*SELL*, No. 13.

赤野一郎, 吉村由佳. 1994.「KUFS コーパスの構築について」『京都外国語大学研究論叢』No. 42.

赤野一郎, 吉村由佳, 藤本和子. 1991a.「Corpus Linguistics の現在の動向と問題点 (1) コーパスとその構築」*SELL*, No. 7.

____. 1991b.「Corpus Linguistics の現在の動向と問題点 (2) tag 付与, 各種プロジェクト, コーパス活用事例」『京都外国語大学研究論叢』No. 37.

安藤貞雄. 1986.『英語の論理・日本語の論理―対照言語学的研究』大修館書店.

安藤貞雄, 小野 捷. 1991.『英語学概論』英潮社.

安藤貞雄, 天野政千代, 高見健一. 1993a.『生成文法講義―原理・パラメータ理論入門』北星堂出版.

安藤貞雄, 小野隆啓. 1993b.『生成文法用語辞典』大修館書店.

新井 明. 1986.『英詩鑑賞入門』研究社出版.

荒木一雄(編). 1981.『コンパクト英語学概論』荒竹出版.

荒木一雄, 渡辺淳一, 天野政千代, 大島 新, 飯田秀敏, 影山太郎. 1982.『文法論』(現代の英文法 1) 研究社出版.

荒木一雄, 安井 稔(編). 1992.『現代英文法辞典』三省堂.

Austin, J. L. 1962. *How to Do Things with Words*. Harvard Univ. Press. (坂本百大(訳). 1978.『言語と行為』大修館書店.)

東 照二. 1997.『社会言語学入門―生きた言葉のおもしろさにせまる』研究社出版.

Barnbrook, Geoff. 1996. *Language and Computers*. Edinburgh Univ. Press.

Biber, D., S. Johansson, G. Leech, S. Conrad & E. Finegan. 1999. *Longman Grammar of Spoken and Written English*. Longman.

Bloomfield, L. 1933. *Language*. Holt, Rinehart and Winston. (三宅 鴻, 日野資純(訳). 1962.『言語』大修館書店.)

Berlin, B. & P. Kay. 1969. *Basic Color Terms*. Univ. of California Press.

Bolinger, D. 1968. *Aspects of Language*. Harcourt, Brace and World.
Chomsky, N. 1957. *Syntactic Structures*. Mouton. (勇　康雄(訳). 1963.『文法の構造』研究社出版.)
＿＿. 1965. *Aspects of the Theory of Syntax*. The MIT press. (安井　稔(訳). 1970.『文法理論の諸相』研究社出版.)
＿＿. 1975. *Reflections on Language*. Pantheon Books.
＿＿. 1980. *Rules and Representations*. Basil Blackwell.
＿＿. 1982. *Lectures on Government and Binding—The Pisa Lectures*. 2nd rev. ed. Foris Publications.
＿＿. 1986. *Knowledge of Language: Its Nature, Origin, and Use*. Praeger.
＿＿. 1993. "A Minimalist Program for Linguistic Theory." In K. Hale and S. J. Keyser(eds.), *The View from Building 20: Essays in Linguistics in Honor of Sylvain Bromberger*. The MIT Press.
＿＿. 1995. *The Minimalist Program*. MIT Press. (外池滋生他(訳). 1998.『ミニマリスト・プログラム』翔泳社.)
Chomsky, N. & M. Halle. 1968. *The Sound Pattern of English*. Harper and Row.
Crystal, D. 1987. *The Cambridge Encyclopedia of Language*. Cambridge Univ. Press. (風間喜代三，長谷川欣佑(監訳). 1992.『言語学百科事典』大修館書店.)
＿＿. 1988. *The English Language*. Penguin Books. (豊田昌倫(訳). 1989.『英語：きのう・今日・あす』紀伊國屋書店.)
＿＿. 1998. *English as a Global Language*. Cambridge Univ. Press. (國弘正雄(訳). 1999.『地球語としての英語』みすず書房.)
Dillon, G. L. 1977. *Introduction to Contemporary Linguistic Semantics*. Prentice Hall.
Downes, W. 1984. *Language and Society*. Fontana.
遠藤幸子. 1992.『英語史で答える英語の不思議』南雲堂.
フォコニエ，ジル．坂原　茂他(訳). 1984.『メンタル・スペース—自然言語理解の認知インターフェイス—』白水社.
Fillmore, C. 1968. "The Case for Case." In E. Bach and R. T. Harms(eds.), *Universals in Linguistic Theory*. Holt, Rinehart and Winston.
Fries, C. C. 1952. *The Structure of English*. Harcourt Brace. (福村虎次郎(訳述). 1959.『英語の構造』研究社出版.)
Fromkin, V. & R. Rodman. 1983. *An Introduction to Language*. 3rd ed. Harcourt Brace Jovanovich College Publishers.
福地　肇. 1985.『談話の構造』(新英文法選書 10) 大修館書店.
Gardiner, A. H. 1932. *The Theory of Speech and Language*. Oxford Univ. Press. (毛利可信(訳述). 1958.『SPEECH と LANGUAGE』研究社出版.)
Gimson, A. C. 1980. *An Introduction to the Pronunciation of English*. 3rd ed. Edward Arnold. (竹林　滋(訳). 1983.『ギムスン英語音声学入門』金星堂.)
言語表現研究会(編). 1993.『コミュニケーションのためのことば学』ミネルヴァ書房.

Gleason, H. A., Jr. 1961. *An Introduction to Descriptive Linguistics*. Rev. ed. Holt, Rinehart and Winston. (竹林　滋，横山一郎(訳)．1970．『記述言語学』大修館書店.)

Graddol, D. 1997. *The Future of English?* The British Council. (山岸勝栄(訳)．1999．『英語の未来』研究社出版.)

Grice, H. P. 1975. "Logic and Conversation." In P. Cole and J. L. Morgan (eds.), *Syntax and Semantics 3: Speech Acts*. Academic Press.

郡司利男(編)．1982．『英語なぞ遊び辞典』開拓社．

Haegeman, L. 1991. *Introduction to Government Binding Theory*. Basil Blackwell.

Hall, E. T. 1966. *The Hidden Dimension*. Doubleday.

＿＿．1976. *Beyond Culture*. Doubleday.

Halliday, M. A. K. 1967. *Intonation and Grammar in British English*. Janua Linguarum, Series Practica, Nr. 48. Mouton.

＿＿．1970. *A Course in Spoken English: Intonation*. Oxford Univ. Press.

原口庄輔，中島平三，中村捷，河上誓作．2000．『ことばの仕組みを探る―生成文法と認知文法―』（英語学モノグラフシリーズ 1）研究社出版．

長谷川瑞穂，脇山　怜．1992．『英語総合研究―英語学への招待』研究社出版．

Holmes, J. 1992. *An Introduction to Sociolinguistics*. Longman.

本名信行，秋山高二，竹下裕子，ベイツ・ホッファ．1994．『異文化理解とコミュニケーション』三修社．

稗島一郎．1987．『英語学への招待―現代英語学研究序説』ニューカレントインターナショナル．

＿＿．1990．『言葉の意味―初めて出会う意味論の世界』ぎょうせい．

池田拓朗．1992．『英語文体論』研究社出版．

池上嘉彦．1975．『意味論』大修館書店．

＿＿．1981．『「する」と「なる」の言語学』大修館書店．

＿＿．(編)．1996．『英語の意味』(テイクオフ英語学シリーズ 3）大修館書店.

今井邦彦，中島平三，外池滋生，福知　肇，足立公也．1989．『一歩すすんだ英文法』大修館書店．

井上永幸．1994．「Cobuild Corpus: The Bank of English とは何か」『英語教育と英語研究』第11号．

＿＿．1995．「MicroConcord－コンコーダンスプログラム－」『英語コーパス研究』第2号．

石橋幸太郎，桃沢　力，五島忠久，山川喜久男．1964．『O. イエスペルセン』（不死鳥英文法ライブラリ 10）南雲堂．

石橋幸太郎．中島邦男，山本和之，小野　茂．1967．『H. スウィート』（不死鳥英文法ライブラリ 1）南雲堂．

石黒昭博．(編)．1992．『世界の英語小辞典』研究社出版．

稲木昭子．1997．「Word BASIC によるプログラミング活用例」『英語コーパス研究』No.4．

____. 1997.「パーソナルコーパス作成―整形上の諸問題」『追手門学院大学文学部紀要』No.33.
____. 1999.「コーパスと文化研究」『英語文化の諸相』英宝社.
____. 2000.「*borrow*と共起する法的な表現」『TAM 試論集』No.6.
____. 2001.「コーパス検索と UNIX コマンド」『英語文化学会論集』No.10.
一色マサ子. 1976.『日本語と英語―翻訳のために』荒竹出版.
一色マサ子, 松井千枝. 1978.『英語音声学』朝日出版社.
石川敏男(訳著). 1987.『図説「英国史」』ニューカレントインターナショナル.
伊藤健三, 桜庭信之, 吉田正俊. 1991.『社会人のための英語の常識小百科』大修館書店.
Jackendoff, R. 1972. *Semantic Interpretation in Generative Grammar*. The MIT Press.
____. 1978. "Grammar as Evidence for Conceptual Structure." In M. Halle, J. Bresnan & G. A. Miller (eds.), *Linguistic Theory and Psychological Reality*. The MIT Press.
____. 1990. *Semantic Structures*. The MIT Press.
Jespersen, O. 1909-1949. *A Modern English Grammar on Historical Principles*. 7 vols. George Allen & Unwin.
____. 1924. *The Philosophy of Grammar*. George Allen and Unwin.
Johansson, S. & A.-B. Stenström(eds.). 1991. *English Computer Corpora*. Mouton de Gruyter.
Jones, D. 1960. *An Outline of English Phonetics*. 9th ed. Cambridge Univ. Press.
Joos, M. 1962, 1967. *The Five Clocks*. With introduction by A. H. Marckwart. Harcourt, Brace & World.
影山太郎, 由本陽子. 1997.『語形成と概念構造』(日英語比較選書 8) 大修館書店.
筧　嘉雄, 田守育啓(編). 1993.『オノマトピア・擬音・擬態語の楽園』勁草書房.
Katz, J. J. & J. A. Fodor. 1963. "The Structure of a Semantic Theory." *Language* 39, 170-210.
Katz, J. J. & P. M. Postal. 1964. *An Integrated Theory of Linguistic Descriptions*. The MIT Press.
河上誓作(編). 1996.『認知言語学の基礎』研究社出版.
金水　敏, 今仁生美. 2000.『意味と文脈』(現代言語学入門 4) 岩波書店.
Kiparsky, P. & C. Kiparsky. 1971. "Fact." In D. Steinberg & L. Jakobovits (eds.), *Semantics*. Cambridge Univ. Press.
小林正典. 1993.『英語と日本語のルーツ―東西島国で起こったドラマ』サイマル出版会.
小泉　保. 1997.『ジョークとレトリックの語用論』大修館書店.
小島義郎. 1988.『日本語の意味　英語の意味』南雲堂.
國廣哲彌(編). 1981.『意味と語彙』(日英語比較講座 3) 大修館書店.
____. 1982.『発想と表現』(日英比較講座 4) 大修館書店.

____. 1982.『文化と社会』(日英比較講座 5) 大修館書店.

工藤　浩, 小林賢次, 真田信次, 鈴木　泰, 田中穂積, 土岐　哲, 仁田義雄, 畠　弘巳, 林　史典, 村木新次郎, 山梨正明. 1993.『日本語要説』ひつじ書房.

草薙　祐. 1988.『コンピュータ言語学入門』大修館書店.

Labov, W. 1972. *Sociolinguistic Pattern*. Univ. of Pennsylvania Press.

Ladeforged, P. A. 1982. *A Course in Phonetics*. 2nd ed. Harcourt Brace Jovanovich.

Lakoff, G. 1971. "On Generative Semantics." In D. Steinberg & L. Jakobovits (eds.), *Semantics*. Cambridge Univ. Press.

Lakoff, G. & M. Johnson. 1980. *Metaphors We Live By*. Chicago Univ. Press. (渡部昇一(他)訳.『レトリックと人生』大修館書店.)

Lakoff, R. 1973. *Language and Woman's Place*. Cambridge Univ. Press.

Langacker, R. W. 1987. *Foundations of Cognitive Grammar, vol. 1 : Theoretical Prerequisites*. Stanford Univ. Press.

____. 1990. "Settings, Participants, and Grammatical Relations." In Tsohatzidis, S. L. (ed), *Meanings and Prototypes: Studies in Linguistic Categorization*. Routledge.

____. 1991. *Foundations of Cognitive Grammar, vol. 2 : Descriptive Application*. Stanford Univ. Press.

____. 1993. "Reference-Point Constructions." *Cognitive Linguistics* 4.

Leech, G. N. 1974. *Semantics*. Penguin Books. (安藤貞雄(監訳). 1977.『現代意味論』研究社出版.)

____. 1983. *Principles of Pragmatics*. Longman. (池上嘉彦, 河上誓作(訳). 1982.『語用論』紀伊國屋書店.)

ロボ, F., 津田　葵, 楠瀬淳三. 1984.『英語コミュニケーション論』(スタンダード英語講座 6) 大修館書店.

Lyons, J. 1968. *Semantics* I & II. Cambridge Univ. Press.

____. 1995. *Linguistic Semantics*. Cambridge Univ. Press.

巻下吉夫, 瀬戸賢一. 1997.『文化と発想とレトリック』(日英語比較選書 1) 研究社出版.

丸谷満男, 髙尾典史, 石馬祖俊. 1994.『言語の科学』晃洋出版.

増山節夫, 長谷川欣佑. 1964.『H. A. グリースン・E. A. ナイダ』(不死鳥英文法ライブラリ 8) 南雲堂.

松井千枝. 1979.『英語学概論—三大文法の流れと特徴』朝日出版社.

松本マスミ. 1992.「被作用性の文法における位置づけについて」『成田義光教授還暦祝賀論文集』英宝社.

松浪　有. 1987.『英語史』大修館書店.

____, 池上嘉彦, 今井邦彦(編). 1983.『大修館英語学事典』大修館書店.

松坂ヒロシ. 1986.『英語音声学入門』研究社出版.

McCrum, R., W. Cran & R. MacNeil. 1987. *The Story of English*. Faber & Faber.

(岩崎春雄, 海保眞夫, 松本典久, 松田隆美, 長沼澄代子(訳). 1989.『英語物語』文芸春秋.)
McEnery, T. & A. Wilson. 1996. *Corpus Linguistics*. Edinburgh Univ. Press.
宮原　哲. 1992.『入門コミュニケーション論』松柏社.
三宅川　正, 増山節夫. 1986.『英語音声学―理論と実際』英宝社.
毛利八十太郎. 1957.『ジョーク集成』(時事英語ライブラリー 11) 研究社出版.
毛利可信. 1972.『意味論から見た英文法』大修館書店.
＿＿＿. 1980.『英語の語用論』大修館書店.
＿＿＿. 1983.『橋渡し英文法』大修館書店.
＿＿＿. 1990.「生成文法はイェスペルセンを越えたか」『言語』11月号.
Morris, C. W. 1946. *Signs, Language and Behaviour*. Prentice-Hall. (寮　金吉(訳). 1960.『記号と言語と行動』三省堂.)
村山皓詞, 赤野一郎(編). 1992.『[新版]異文化を知るための情報リテラシー』法律文化社.
＿＿＿. 1997.『大学生活のためのコンピュータ リテラシー・ブック』オーム社.
中島文雄. 1979.『英語発達史　改訂版』岩波全書.
中島平三. 1995.『ファンダメンタル英語学』ひつじ書房.
中島平三, 外池滋生(編). 1994.『言語学への招待』大修館書店.
永野芳郎. 1978.『英語学要説』英潮社.
長瀬真理, 西村弘之. 1986.『コンピュータによる文章解析入門－OCPへの招待－』オーム社.
中村純作. 1994.「ヨーロッパにおける英語コーパス研究の動向」『英語コーパス研究』第1号.
中村　捷, 金子義明, 菊地　朗. 1989.『生成文法の基礎―原理とパラミターのアプローチ』研究社出版.
中尾俊夫, 寺島廸子. 1988.『図説英語史入門』大修館書店.
中尾俊夫, 日比谷潤子, 服部範子. 1997.『社会言語学概論』くろしお出版.
並木崇康. 1985.『語形成』(新英文法選書 2) 大修館書店.
成田義光. 1982.『日本論と英語の比較による―新・英語上達法』荒竹出版.
成田義光, 長谷川存古, 小谷普一郎. 1983.『発音・綴り・語形成』(講座・学校英文法の基礎 1) 研究社出版.
Ochi, M. 1999. "Some Consequences of Attract F." *Lingua*, 109.
O'Connor, J. D. 1980. *Better English Pronunciation*. 2nd ed. Cambridge Univ. Press.
Ogden, C. K. & I. A. Richards. 1923. *The Meaning of Meaning*. Routledge & Kegan Paul. (石橋幸太郎(訳). 1967.『意味の意味』新泉社.)
岡部朗一. 1988.『異文化を読む―日米間のコミュニケーション』南雲堂.
岡田　毅. 1995.『実践「コンピュータ英語学」』鶴見書店.
岡野　哲. 1985.『英語字の基本』篠崎書林.
Onions, C. T. 1971. *Modern English Syntax*. (New ed. of *An Advanced English*

Syntax by B. D. H. Miller.) Routledge & Kegan Paul.
大庭幸男. 1998.『英語構文研究―素性とその照合を中心に―』英宝社.
大石　強. 1988.『形態論』(現代の英語学シリーズ 4) 開拓社.
太田　朗, 池谷　彰, 村田勇三郎. 1972.『文法論 I』(英語学体系 3) 大修館書店.
太田　朗, 梶田　優. 1974.『文法論 II』(英語学体系 4) 大修館書店.
大塚高信, 中島文雄(監修). 1982.『新英語学辞典』研究社出版.
織谷　馨. 1983.『英語史要説』英潮社.
Palmer, F. R. 1981. *Semantics*. 2nd ed. Cambridge Univ. Press.
Potter, S. 1966. *Our Language*. 2nd ed. Penguin Books.
Quirk, R., S. Greenbaum, G. Leech, & J. Svartvik. 1985. *A Comprehensive Grammar of the English Language*. Lomgman.
Radford, A. 1980. *Transformational Syntax: A Student's Guide to Chomsky's Extended Standard Theory*. Cambridge Univ. Press.
＿＿＿. 1997. *Syntax: a minimalist introduction*. Cambridge Univ. Press.（外池滋生他(訳). 2000.『入門ミニマリスト統語論』研究社出版.）
Renouf, A. 1987. "Corpus Development." In Sinclair, J. M. (ed.).
Rosch, M., & K. Segler. 1987. "Communication with Japanese." *Management International Review*, 27-4.
斉藤俊雄(編). 1992.『英語英文学研究とコンピュータ』英潮社.
Sapir, E. 1921. *Language: An Introduction to the Study of Speech*. Harcourt Brace.
佐藤信夫. 1978.『レトリック感覚』講談社.
Searle, J. R. 1969. *Speech Acts: An Essay in the Philosophy of Language*. Cambridge Univ. Press.(坂本百大, 土屋　俊(訳). 1986.『言語行為―言語哲学への試論』勁草書房.)
柴田三千雄, 佐藤次高, 近藤和彦, 岸本美緒. 1999.『現代の世界史』山川出版社.
関口一郎. 1999.『コンピュータのしくみと作用』大修館書店.
瀬戸賢一. 1989.『レトリックの宇宙』海鳴社.
＿＿＿. 1997.『認識のレトリック』海鳴社.
島岡　丘, 佐藤　寧. 1987.『最新の音声学・音韻論―現代英語を中心に』研究社出版.
Sinclair, J. M.(ed.). 1987. *Looking Up*. Harper Collins Publishers.
園田義道(編). 1974.『知識と理論』富士出版.
Sperber, D. & D. Wilson. 1986, 1995^2. *Relevance: Communication and Cognition*. Basil Blackwell.
鈴木孝夫. 1973.『ことばと文化』岩波書店.
Sweet, H. 1892-1898. *A New English Grammar*. 2 vols. Oxford Univ. Press.
竹林　滋. 1982.『英語音声学入門』大修館書店.
田中春美, 樋口時弘, 家村睦夫, 倉又浩一, 中村　完, 下宮忠雄. 1978.『言語学のすすめ』大修館書店.
田中春美, 樋口時弘, 家村睦夫, 五十嵐康男, 倉又浩一, 中村　完, 下宮忠雄. 1982.

『言語学演習』大修館書店.
田中春美，樋口時弘，家村睦夫，五十嵐康男，下宮忠雄，田中幸子. 1994.『入門ことばの科学』大修館書店.
田中春美，田中幸子(編著). 1996.『社会言語学への招待—社会・文化・コミュニケーション—』ミネルヴァ書房.
田中伸一，阿部　潤，大室剛志. 2000.『入門生成言語理論』ひつじ書房.
Taylor, J, R. 1995. *Linguistic Categorization*. 2nd ed. Clarendon Press.
豊田昌倫. 1981.『英語のスタイル』(研究社選書 15) 研究社出版.
Trask, R. L. 1995. *Language: the Basics*. Routledge.
Trudgill, P. 1974. *Sociolinguistics: An Introduction to Language and Society*. Penguin Books.（土田滋(訳). 1975.『言語と社会』岩波書店.）
角田忠信. 1978.『日本人の脳—脳の働きと東西の文化』大修館書店.
Ullmam, S. 1962. *Semantics: An Introduction to the Science of Meaning*. Basil Blackwell.（池上嘉彦(訳). 1969.『言語と意味』大修館書店.）
Ungerer, F. & H.-J. Schmid. 1996. *An Introduction to Cognitive Linguistics*. Longman.
渡辺和幸. 1987.『コミュニケーションのための英語音声学』弓書房.
渡辺昇一. 1983『英語の歴史』(スタンダード英語講座 3) 大修館書店.
＿＿＿. 1987.『アングロサクソンと日本人』新潮選書.
山梨正明. 1986.『発話行為』(新英文法選書 12) 大修館書店.
＿＿＿. 2000.『認知言語学原理』くろしお出版.
山鳥　重. 1985.『脳からみた心』ＮＨＫブックス.
安井　泉(編). 1992.『グラマー・テクスト・レトリック』くろしお出版.
安井　稔. 1987.『英語学概論』(現代の英語学シリーズ 1) 開拓社.
＿＿＿. 1990.「新言語学は英語に何をもたらしたか」『言語』11月号.
安井　稔，中右　実，西山佑司，中村　捷，山梨正明. 1983.『意味論』(英語学体系 5) 大修館書店.
Yule, G. 1985. *The Study of Language: An Introduction*. Cambridge Univ. Press.（今井邦彦，中島平三(訳). 1987.『現代言語学20章—ことばの科学』大修館書店.）

索　引

ア　行

あいまいさ	127
アイロニー	173
アクセント	68, 84
アニアンズ	92
アメリカ英語	7, 10, 46, 53
α移動	111
アルフレッド大王	28
アングロ・サクソン七王国	26
アングロ・サクソン年代記	29
アンダーステートメント	175
イェスペルセン	92
異音	63
イギリス英語	8
異形態	79
一貫性	158
異文化間コミュニケーション	213
異分析	87
意味成分	107
意味素性	129
意味の推移	123
意味の転移	124
意味の場	110, 125
意味役割	105
意味論	121
インターフェイス	117
インターネット	218
インド・ヨーロッパ語族	21
ウィクリフ	38, 43
ウィット	174
ウェブスター大辞典	53
ヴェルナー	24
S構造	103
Xバー理論	111
MI score	234
エモーティコン	191
婉曲表現	170
オクシモロン	175
オグデン＝リチャーズ	122
オースティン	133, 146
オーストラリア英語	14
オックスフォード大辞典	52
音韻論	57
音の高さ	67, 71
音象徴	88, 167
音声学	57
音節	64, 65
音素	62, 72
音調	72

カ　行

外延	127
会話分析	159
会話の公理	148
概念意味論	110
カクストン	43
格文法	104
核	112
頭文字語	86
カナダ英語	13
カルナップ	134
含意	127, 149
干渉	196
間接発話行為	146
慣用句	129
簡略表記	63
関連性理論	151
気音	62
擬音語	167, 189
聞こえ度	64

記述文法	91	構成素	101
擬態語	167, 189	構造言語学	94
機能	93	構造性	189
機能語	69	高文脈型	212
規範文法	91	合理主義	195
逆形成	86	古期英語	25
旧情報	154	黒人英語	199
強形	70	語形成	82
強勢	67	語根創造	88
強調強勢	155	誇張法	176
協調の原則	148	コックニー	9
近代英語	25, 44	語派	23
欽定訳聖書	45	コーパス	221
KWIC 形式	226	コーパス構築	223
空間学	187	COBUILDDirect	222, 232
句構造規則	100	コミュニケーション	181
屈折	32, 77, 115	語用論	143
屈折接辞	78	コンコーダンス	226, 232
グライス	148	混成	87
繰り返し	101	痕跡	103
グリム	24	コンピュータ	217
クレオール	15	コンピュータによるコミュニケーション	191
経験主義	195		
経済性	116	サ 行	
形態素	77		
形態論	77	最小対	63
計算処理システム	116	サタイア	173
結束性	156	サピア＝ウォーフ仮説	206
言語運用	116	サール	147
言語機能	116	恣意的	121, 189
言語習得装置	195	子音	58
言語使用域	163	シェイクスピア	45
言語処理プログラム	226	ジェンダー	200
言語的コミュニケーション	184	指示	121
言語能力	111	失語症	197
現代英語	25	指定部	114
語彙	101	シネクドキ	173
語彙概念構造	104	弱形	70
項構造	104	ジャーゴン	205
行動主義	121	ジャンクション	93

自由変異	63
周辺言語	185
樹形図	101
収束	115
主題	155, 156
主題役割	105
主張	131, 145, 146
主要部	114
手話	184
上下関係	126
象徴音	88
焦点	154, 156
ジョーズ	165
情報構造	156
ジョーンズ	23, 91
ジョンソン	52
新英語	4, 16
新情報	154, 156
深層構造	98
心理主義	98, 121
遂行動詞	146
遂行文	145
スウィート	92
スキーマ	136
スペルベル＝ウィルソン	151
整形	223
生成意味論	104
生成文法	91, 97
生得説	111, 195
成分分析	129
精密表記	63
接辞	78
接頭辞	82
接尾辞	82, 83
選択制限	108, 131
前提	130, 154, 156
相互性	190
創造性	103, 189
相対性	206
相補分布	63
ソシュール	94, 121

タ 行

題述	155
対象言語	134
大母音推移	47
多義性	100, 128
脱落	67
短縮	86
談話	152, 156, 165
知的意味	143
中期英語	25, 37
超越性	188
調音	57
超分節音素	67
直示	143
直接構成素分析	95
直接発話行為	146
直喩	172
チョーサー	38
チョムスキー	97
低文脈型	212
t-score	234
適切性条件	147
テクスト	152
D構造	103
デジタル情報	217
転換	85
電子辞典	217
電子テキスト	219
電子メール	191
デーン人	28
伝統文法	91
デーン法地域	28
同音性	128
同化	66
同義関係	125
統語範疇	101
統語論	91

統率	114
動物のコミュニケーション	182

ナ 行

内包	127
二重母音	60
日常言語学派	133
人間のコミュニケーション	183
認知言語学	135, 176
認知文法	138
ネクサス	93
脳	196, 197, 202, 211
ノルマン人の征服	37

ハ 行

派生	99
派生語	82
発音器官	57
発語内行為	145
発話	143, 144
発話行為	144
パラドックス	175
パラフレーズ	127
パラメータ	112
ハリデー	72
バーリン=ケイ	207
パロディ	174
反義関係	126
比較言語学	24
非言語的コミュニケーション	184, 185
ピジン	15, 199
PC 表現	170
PP 理論	105, 112
表層構造	98
フィルモア	104
付加部	114
複合語	68, 84
物理主義	94, 121

普遍性	206
普遍文法	111
フリーズ	96
ブリトン人	25
ブルームフィールド	95
フレーゲ	122
プロトタイプ	135
文化	206
分析言語	42, 51
文体論	163
ベオウルフ	30
変形	98
変形生成文法	97
変種	8, 199
変奏表現	169
弁別素性	129
母音	58
方言	8
補部	114
ポライトネス	150
ホール	187

マ 行

ミニマリスト・プログラム	116
無声音	57
命題	115, 133
メタ言語	134
メタファー	137, 171
メトニミー	137, 172
モリス	122

ヤ 行

有声音	57
ユーモア	174
容認発音	9

ラ 行

ラネカー	139	レイコフ	200
リズム	69, 73	連結	65
リーチ	123, 150	連接	70
臨界期	196	論理実証主義	133
類似関係	125		
ルネッサンス	44	ワ行	
ルーン文字	30		
レイコフ＝ジョンソン	137	WordSmith	226

著者紹介

稲木　昭子（いなき　あきこ）
大阪大学大学院文学研究科英語学専攻修士課程修了．現在は追手門学院大学国際教養学部英語コミュニケーション学科教授．主な著書は『アリスの英語―不思議の国のことば学』（研究社出版，共著），『アリスの英語２―鏡の国のことば学』（研究社出版，共著），『コンピュータの向こうのアリスの国』（英宝社，共著）．

堀田　知子（ほった　ともこ）
大阪大学大学院文学研究科英語学専攻博士課程単位取得．現在は龍谷大学社会学部教授．主な著書・論文は『ユードルフォの謎Ｉ―梗概と研究―』（大阪教育図書，共著），「約束成立の諸条件」『毛利可信教授退官記念論文集』，『新英語学辞典』（研究社，分担執筆）．

沖田　知子（おきた　ともこ）
大阪大学大学院文学研究科英語学専攻修士課程修了．現在は大阪大学大学院言語文化研究科教授．主な著書・論文は『アリスの英語―不思議の国のことば学』（研究社出版，共著），『アリスの英語２―鏡の国のことば学』（研究社出版，共著），「評価の進行形」『成田義光教授還暦祝賀論文集』．

新 えいご・エイゴ・英語学

2002年2月5日　初版発行
2022年4月1日　第3版第9刷発行

著　者　稲木昭子／堀田知子／沖田知子
発行者　森　信久
発行所　株式会社　松 柏 社
　　　　〒102-0072　東京都千代田区飯田橋1-6-1
　　　　TEL 03(3230)4813（代表）
　　　　FAX 03(3230)4857
　　　　e-mail:shohaku@ss.iij4u.or.jp
　　　　http://www.shohakusha.com

装幀　ローテリニエ・スタジオ
地図　関　寿泰
組版・印刷・製本　倉敷印刷株式会社
ISBN978-4-7754-0004-3
略号＝4030
Ⓒ2002 A. Inaki, T. Hotta & T. Okita
本書を無断で複写・複製することを禁じます。
落丁・乱丁は送料小社負担にてお取り替え致します。

THE UNITED STATE

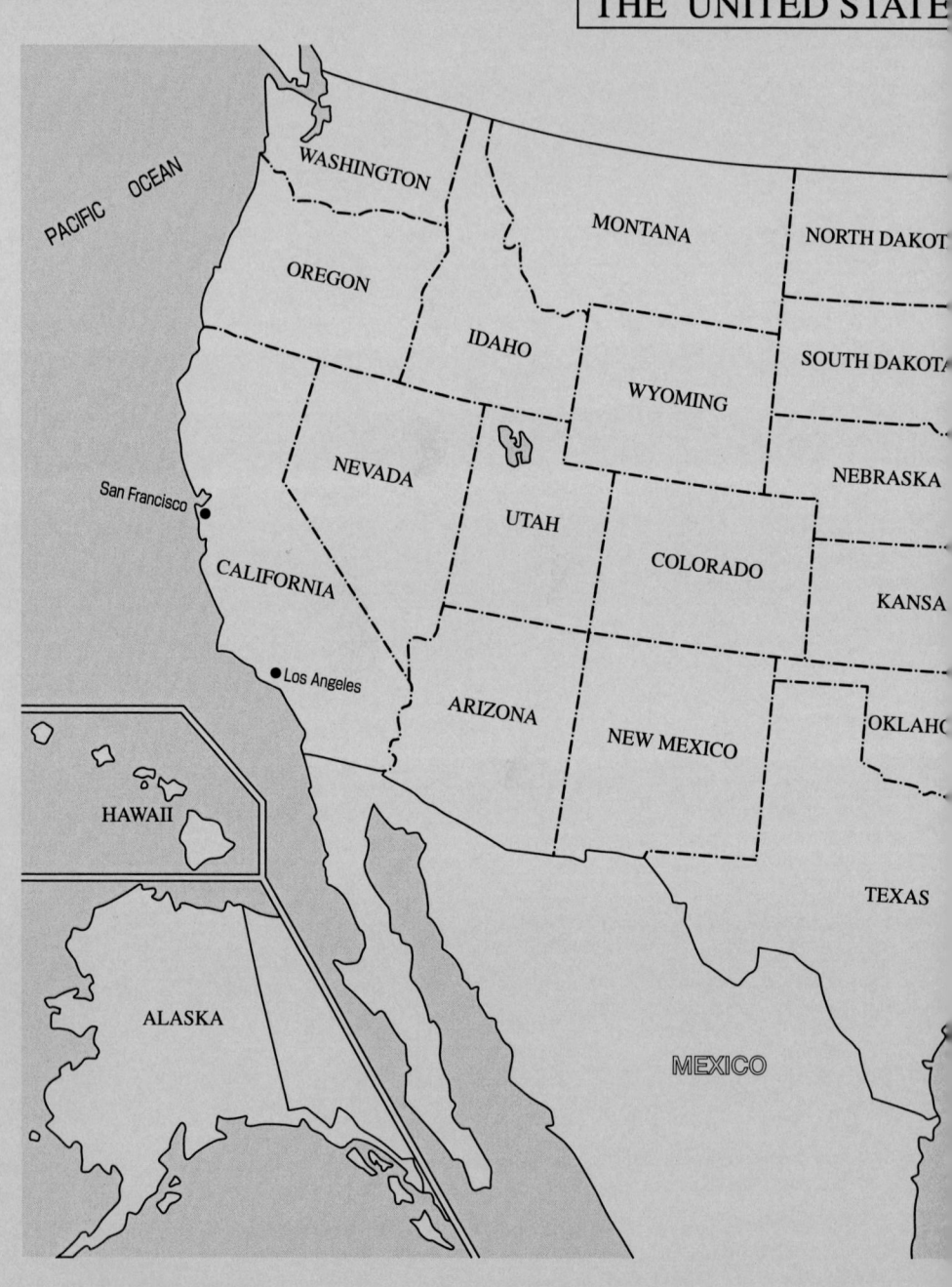

- PACIFIC OCEAN
- WASHINGTON
- OREGON
- MONTANA
- NORTH DAKOT
- IDAHO
- SOUTH DAKOTA
- WYOMING
- NEVADA
- NEBRASKA
- San Francisco
- UTAH
- CALIFORNIA
- COLORADO
- KANSA
- Los Angeles
- ARIZONA
- NEW MEXICO
- OKLAHO
- HAWAII
- TEXAS
- ALASKA
- MEXICO